逆風の向こうに

ある起業家が紡いだ奇跡の物語

著者 新賀 太蔵

カナリアコミュニケーションズ

目次

目 次

逆風の向こうに

夜明け前

始発電車に乗って、ＪＲ弥彦線の終点、弥彦駅に着いた。駅を出て左手の公園に入る。春は桜、晩秋は紅葉が鮮やかで、多くの人がにぎわう公園であるが、1月2日の早朝は、人通りが少なく寒々としている。紅葉谷を左にゆるやかな坂道をしばらく歩くと隧道に入る。歩行者しか通れない隧道は間口が狭く、その先に見える小さな出口はうすら暗く、次元の違う世界になっているのではないかと不安を覚えてしまう。50年前、自分の人生の先が見えなかったように。隧道を通り抜けるとまもなく車道に出て温泉旅館街を歩くこと10分、初詣の参拝客や車の往来も見えてきた。

鳥居前で一礼し、神社に入ると弥彦山から流れてくる小川のせせらぎが聞こえる。空はまだ暗く、石畳の参道を歩き始めると神聖な空気が漂い、身が引き締まってくる。参道を１００メートル進んだところで左に曲がると、弥彦山を後景に神社が正面上方に拝むように見える。神々しい。私の好きな場所の一つだ。さらに歩みを進めると周囲の樹木や山から、どんどん元気や勇気が身体の中に入ってくるようだ。境内に入ると、さらに霊験を感じる。一緒に初詣に来た妻の幸子が静寂を破った。

「しかし、よくあきらめずに頑張ったわねえ」
「ああ…」
私は昨年春に65歳、前期高齢者となった。よくここまで生きて来れたものだ、多くの人や様々な事に出会って不思議な人生だった、としみじみ思った。
―いや、まだ前半戦に過ぎない。これから後半戦がある
弥彦神社の参拝方法は、拍手を四回打つ「二礼四拍手一礼」となっている。二礼四拍手一礼は全国でも珍しく、島根県の出雲大社、大分県の宇佐神宮、そして弥彦神社の3神社だけらしい。幸子と柏手を合わせて礼拝しながら考えた。
―この不思議な冒険はなんだったのだろうか、何を得るためのものだったのだろうか
思考は遠く過去に飛んでいった。

新潟県燕市は金属洋食器の出荷が全国の95％以上を占めており、国内有数の金属加工産業が盛んな町である。１９５７年、この町の「平山プレス製作所」の四兄弟の長男として、私・平山健太朗は生まれた。

平山プレス製作所は戦後、私の父が何社かの製造業で修行した後、自宅の裏に作った小さな金属加工工場である。両親の他に社員2〜3人が働いていた。プレス加工の作業には危険が伴う。効率が悪いからと安全器を外し、プレス機につかまって仕事をしていた父と母は、2人とも指を切断していた。普通の会社勤めなら指を切断するような大怪我は労災事故であり、数週間休むべきところだろう。しかし自営業であり家族の生活がかかっていた父は指を切断した翌日も仕事をせざるを得なかった。

いずれこの家の長男として自分が工場を継ぐのだと思うと憂鬱な気持ちになったが、自分の進むべき道が決められていることへの安堵感もあったように思う。中学生時代、学校で友達と遊ぶ約束をして家に帰ると、「今から仕事を手伝え！」と言われる日もあり、友達との約束は果たせず、翌日以降友達から遠ざかる羽目になったこともしばしばある。

昭和30年代、燕の町では工場がいたるところにでき、プレス機や研磨の音、工場を行き来する人の声が響き、活気が満ち溢れていた。燕はその頃「日本で一番社長が多い町」とも言われていたらしい。小学校中学校の同級生にも「社長のせがれ」は多い。私も一応、

「平山プレス製作所社長のせがれ」ではあるが、大きな商いを営む同級生らの家と違って、私の家は下請けであり、零細規模であり、貧しかった。

当時はまだ戦争の傷跡がそこかしこに残っていた。おそらく日本全国どこの家庭も、我が家のように貧しかったことだろう。そして、農作業や内職、妹や弟の子守など、子どもたちも大人の仕事を手伝うことが普通だった。私も小学校高学年となると、朝早く起きて、ご飯を炊くために家の裏にあるかまどに火をつけることが日課だった。中学時代には、月末に父の工場の納品書の単価と数量を計算し、請求書を作成する手伝いをしていたものだ。

世の中の大半が貧しく生活していた一方で、燕市は洋食器バブルを迎えていた。「磨きの仕事を一年がんばれば家が建つ」と噂があったが真偽はわからない。同級生の中でもずいぶん裕福な暮らしぶりに見える友人もいたが、あまり付き合いはしたくなかった。

高校生にもなると、学校からの帰り道は友人同士誘い合ってラーメンを食べに行く。当時のラーメンは一杯100円~150円ほどで、現在の貨幣価値では一杯1000円程するようなものだろうか。裕福そうに見える同級生たちは気軽にラーメンを食べていたが、私の少ない小遣いではそれができなかった。そもそも、外食をすること自体ほとんどなかった。ラーメンの誘いを断っているうちに、彼らも事情を察したのか私に声をかけなくなっていった。それを孤独だとは感じなかったが、50年近く経った今でも思い出すのだから、貧しさゆえの切なさみたいなものは自分の中にあったのだろう。彼らと私とでは休日の遊び方にもやはり格差がある。

私が高校時代を過ごした1970年代、オリンピックの札幌開催やアルペンスキーワールドカップの苗場開催に日本中が沸いた。国内では空前のスキーブーム。同級生たちは冬になると毎週のように新潟県内各地のスキー場へ滑りに行く。一方の私はスキー板すら持っていない。父親にスキー場へ連れて行ってほしいとねだることもなかった。私がわがままを言えば、四兄弟全員を連れていかねばならなくなる。長男である私にとって、我慢することが精一杯の親孝行だった。

貧しさは劣等感を増長させる。当時の私は自分の貧しい境遇と裕福な同級生たちを比べては落ち込む日々だった。その上、彼らは勉強熱心で成績優秀なのだ。どいつもこいつも東京の有名大学や医学部を目指す者ばかりである。小さな町工場を継ぐ運命にある私は、勉強に励むことも放課後ラーメンを食べることもできないまま、ぼんやりと日々を過ごしていた。将来は見えなかった。明るい希望を抱くことも無かった。

「お前は後を継がなくていい」

高校3年の夏、母親と弟たちが寝静まり、父親と私しかいなくなった居間で、突然言われた。

自分は父親の工場を継ぐものだと思いながら18歳まで生きてきた私にとって、それは衝撃の一言だった。幼い頃から、親戚や周りの大人たちから「将来あんたが工場を継ぐんだから」と言われて育ってきたのだが、父の考えはそうではなかったらしい。

「これからの時代に合った仕事を自分で探してやってみろ」

今思えば、自分が指を切断した仕事を息子にやらせたくない、という親心もあったのかもしれない。だが、卒業後の進路を実家の跡継ぎ以外全く考えていなかった私は、ただただ目の前が真っ白になった。この日から1か月程、魂が抜けたような生活が続いた。

夏休みが終わり、季節は秋へと移り変わろうとしていた。学校で配られた進路希望調査に「就職　家業の跡継ぎ」と書けなくなった私は、途方に暮れていた。

さて、どうするか。

高校3年間ろくに勉強してこなかった私にとって、大学受験の選択は非現実的である。大学に進んでまで学びたい分野もない。進学でなければ就職か。いや、特に就きたい職業も思いつかない。

家が貧しいとか長男の自分は後継ぎ以外の選択肢がないとか、適当な理由をつけて、「本当だったら自分はどうしたいのか」を考えてこなかった。各自夢に向かって猛勉強を続ける同級生たちと、今の自分とがあまりにも対照的で、劣等感はさらに増していた。

結局、高校を卒業した1976年春、私は新潟市にある新潟電子計算機専門学校へ進学した。1970年に開校した、新潟県初のコンピュータ教育をおこなう専門学校である（当時はコンピュータのことを電子計算機と呼んでいた）。

この学校への進学を私に勧めたのは父だった。これからの時代はコンピュータが主流になるだろう、という未来を見越してのことだ。夢も目標もなかった私は、全く気乗りしないまま、とりあえず進学することにした。

専門学校入学後も、私は相変わらず劣等感に苛まれていた。大学に進学した同級生たちのことばかり考えていたのだ。今ごろ都会のキャンパスで楽しい大学生活を送っているのかと想像しては、羨ましさと自分の惨めさを感じずにいられなかった。

暗い話だが、当時は本気で「いっそこの世から消えてしまいたい」みたいなことばかり考えていた。よい大学を出てよい会社に就職して華やかな人生を歩むことが約束されている（であろう）同級生たち。かたや専門学校でも勉強に夢中になれず何をやっているのかよくわからない自分。考えれば考えるほど、妬み、諦め、羞恥心で胸がいっぱいになる。「自分は何のために生きているのだろうか」と考える日が続いた。専門学校を夕方終えると、スーパーダイエーの鮮魚部門でアルバイトをしながら、生活する1年半だった。新潟駅から15分ほどの古いアパートを借りて一人で生活した。専門学校の学費は親に出してもらったが、実家の親兄弟のことを考えれば、家賃や生活費は自分でアルバイトして稼ぐしかない。

唯一の楽しみは夜、ラジオを聴くことだった。ある人気トーク番組の中で今でも印象に残る話がある。このような話だった。

〈あるところに、年老いた父と妙齢の娘さんが2人で仲睦まじく暮らしていた。母親は早くに亡くなっていた。あるとき、父親がぽっくりと死んでしまった。一人残され泣きじゃくる娘さんに、近所や親せきの人が駆けつけるが、あまりに気の毒で声もかけられない。

家に多くの人が集まって無言の時間が続いたそのとき、玄関先で「よかったよかった、ああよかった」と声がした。一同、玄関先をキッと睨むと、亡くなった父の無二の親友だった。「なんていうことを言うんだ。不謹慎だろう」と何人かが詰め寄った。するとその親友が涙ながらに話し始めた。「あいつは毎日のように言っていた。あいつは俺より娘が先に死んだら俺は生きていけない。娘より先に死にたいものだ。それが俺の望みだよと話していた」話し終わると、彼はそっと線香をあげた〉

19歳の夏の夜だった。そうか、人生の中では悪いことが起きる、絶望と思えるようなことも起きる。しかし、更にもっと最悪な事態を想定してみれば、このくらいで済んでよかったと思えて気持ちが楽になるのではないか。悪くてもまだ最悪ではない。まだ、これくらいだったら大丈夫だ、行ける。ここから始めるようにすればいいのだ。人生の中でいくつかの挫折や試練があったときに、この話を思い出し、気持ちを切り替えて乗り切ることができた。そして、つまらない生活が続いた専門学校への入学が、人生最大の幸福をもたらすことになるとは思いもよらなかった。それは8年後に予告もなしに訪れる。

ちなみに大学に行けなかったコンプレックスと同級生たちへの劣等感は社会人になってもしばらく続いた。ようやく同窓会に顔を出せるようになったのは、30代中盤になってからのことだ。若い頃は他人の良く見えるところと自分を比べてしまいがちだ。家庭環境や容姿のことばかり考えていたが、それらは自分ではどうしようもないことだった。比べるのは他人ではない。1ヶ月前の自分、1年前の自分と比べてどれくらい成長できたかが大切なのだ、と解ってきたのは、頭に白いものが目立ってきた歳になってからである。

やりがい探し

当時、システムエンジニアは先端を行く職種とされており、コンピュータを導入し始めた東京や大阪の大企業、官公庁の求人がたくさんあった。一方で新潟のような地方都市ではシステムエンジニアの募集は少なく、家から通う条件の就職は叶わなかった。

専門学校2年生の夏、私は東京・渋谷の小さなソフトウェア会社で働くことが決まった。ただ、よほど即戦力を求めていたのか現場に人が足りないのか、専門学校の卒業を待たずに2年生の10月から試用期間として入社するよう言われ、促されるまま上京した。現代でいう「内定者インターン」のような形に近いのかもしれない。

東京都大田区の風呂なし六畳一間のアパート2階で、私の東京生活がスタートした。最寄り駅は東急目蒲線の下丸子駅（東急目蒲線はのちに分割され、現在の東急目黒線と東急多摩川線となった）で、4年ほどここで一人暮らしをすることになる。

住み始めて1年が経つ頃、どういうわけか私の部屋は、会社の同僚や後輩が集まるたまり場になっていた。お酒や食事を持ってきて仕事について議論する者、部屋でテレビを見たりラジカセで音楽を流したりする者もいた。週末には麻雀部屋となり、多いときは10人近く集まってくる。今から考えると、麻雀の牌をかき混ぜる音を夜中じゅう響かせて、隣の部屋や下の階の人たちに迷惑をかけたに違いないと反省している。やかましいというクレームは無かったが、一度、階下に住むおばさんが訪ねてきたことがあった。一階の天井から、水が漏れてきたというのだ。外は晴れており雨漏りは考えにくいし、風呂もない部屋で何かあったのではないかと心配になってきてくれたらしい。原因は私の部屋で冷蔵庫のコンセントが抜けており、中の氷が溶けて床下に流れていたせいだった。安普請の古いアパートゆえに起きたことだったが私に責任がある。「ご迷惑をかけて本当にすみません」と平謝りだった。

また、ある時、徹夜麻雀の後、深い眠りから覚めてボーッとしていると、畳の上を幅5センチほどの黒い塊が川の流れのように動いているのが見えた。何かと思い目を凝らすと、アリの大群が動いているのだった。誰かが私の部屋の中でアイスクリームを落として、それに群がってきたらしい。当時はアリ退治の薬も手に入らず、これには数日ゆっくり寝ることができず参ってしまった。

さて、入社して最初に配属されたのは大手電機メーカーN社の東京郊外にある工場だった。初めて門から入って見えた光景に驚きだった。多くの工場の棟が遠くまで連なっていて、向こうに見える山までが工場の敷地ではないかと錯覚するほどの広さだった。燕の私の実家の工場や友人宅の工場とは規模が数段違っていた。出社初日は「敷地内をどのくらい歩けば自分の職場にたどり着くのだろう」と思うほどだったが、慣れてくると5分ほどで到着することがわかった。

どんなことでも、最初の体験は長く遠く大変に感じるものだ。2回目以降経験し慣れてくると短く容易になってくる。1回目で大変だと感じても何回か続けることだ。続けるうちに大変さが減ってくる。


私が参加することになったプロジェクトには既にいくつかのソフトウェア会社からシステムエンジニアが20人程集まっていた。私の会社からは新入社員の私（正確にはまだ学生だったが…）が初めての参加者である。初日だけ先輩がついてきてくれたが、2日目からは一人で通勤した。工場の始業は早く、通勤経路を考えると朝6時半にはアパートを出ないと間に合わなかった。仕事のイロハも社会人としての基本もわからないまま放り込まれてしまった。同じ会社の人がいれば気軽に社会人のしきたりも教えてもらうことができるのに、無茶無謀な環境だった。しかし、これが良かった。

自分で聞いたり確認したり声を出さないと何もできない状況だったので、思いっきり自分から話すことにした。恥ずかしかった。今まで話していた新潟弁で通じるのかと心配だったが、相手は理解してくれたようだ。仕事をしていく、生きていく術を心得る最初の壁を突破しただろうか。こちらから明るく話すと相手からも親切に教えてくれるのだ。究極の新入社員研修だった。

あのプロジェクトの現場は今でいう「ブラック企業」そのものだったように思う。前からいたメンバーに聞くと「毎週のように救急車が来ている」というではないか。働きすぎで倒れるメンバーが出ているのだ。就業時間中に上司の目の前でも眠ってしまう人がいる。彼は「3日連続で徹夜だったよ」と笑いながら言う（本人はつらかったに違いないが私には笑っているように見えた）。当然、逃げ出すエンジニアも少なくない。今でこそ異常だったとわかるのだが、当時の私は「なるほど、これが社会で働くということなのか」と信じ込んでしまい、辞めようとも逃げようとも思わなかった。若い頃に限界にぶち当たりながら、能力の範囲を広げていく経験はその後の人生のためにも大切だった。限界を攻めていないと限界が狭まってしまう、とも聞いたことがある。

ブラックな環境下であったが、私はやりがいを見出すことができた。自分が初めて手掛けたプログラムがきちんと動き、N社のプロジェクトマネジャーから大変感謝されたのだ。

「よく頑張ってくれましたね。おかげでこのプロジェクトも前進できるよ」

幼少期からそれまで、だれでもできる簡単なことをやって喜ばれたことはあったが、心からまじまじと、誰かに感謝された経験がなかった私は「感謝されるのはこれほど嬉しいものなのか…」と胸が熱くなった。人に喜んでもらえることを原動力に仕事に励むことができた。

当時はＣＯＢＯＬ（１９５９年に事務処理用として開発されたプログラミング言語）によるシステム開発が主流だったが、私の現場で使われていたのはN社がオフィスコンピュータを販売するために独自開発したプログラミング言語の初期バージョンだった。マニュアルはあったが、その通りプログラミングしても動かないことも多い。コンピュータでソフトウェアを起動させるＯＳ（基本ソフトウェア）との相性なのか、データが悪影響しているのか、障害の解決方法を熟知しているメンバーは少なかった。このプロジェクトは人の入れ替わりも激しく、半年間の派遣期間が終わる頃には周りに頼られる立場になっていた。まだ、専門学校の卒業前だった。

過酷で濃密な半年間を経験したわけだが、ここまで大変な現場は後にも先にもあのプロジェクトだけである。当時、切磋琢磨し合ったメンバーとは、45年以上経った現在も連絡を取り合い、思い出話に花を咲かせている。

東京で一人暮らしを始めてから半年後の春、専門学校を無事卒業し、4月から正式に社員となった。N社工場の派遣期間を終えた私は、東京の渋谷にある小さなソフトウェア会社への通勤が始まった。アパートからオフィスまで30分で着くことができるので通勤は楽になったのだが、朝の東横線は相当な混雑だった。

N社のオフィスコンピュータの開発言語をひととおり習得していた私は、N社からのシステム開発の案件を担当することになった。どのような営業をしていたのかよくわからないが、どんどん商談が来た。

システム開発のスケジュールは「1人月（人月は作業量（工数）を表す単位で1人が1ヶ月働いた作業量を1としたもの。1人月＝160時間のことが多い）」を基に立てるわけだが、私のところに来る受注案件は、きれいに1人月分の開発業務ではなく、1人月に収まらない大きい開発案件もあれば、0.5人月のものもあった。一つの開発案件が終われば次の開発案件に取り掛かるのではなく、複数の顧客の開発案件を同時並行で行うこともあった。納期もバラバラなので、優先順位もマネジメントしながら進めなければならない。毎月2～3人月分の仕事量をこなしたが、要領よくやっていたので働く時間は多い月を除けば200～250時間程度だったろうか。システム開発だけでなく、他社が開発した後の保守作業も任されたことがあった。

9時～18時の勤務時間内では到底仕事が終わらないため、週2日はアパートに帰らず、夜間もオフィスに滞在して仕事を進めた。夜中に疲れてくると事務椅子を3つ並べ、その上に横になって2～3時間の仮眠をとって朝を迎える。椅子の上で寝ると背中や腰が痛くなる。寝返りは打てない。このような勤務が一年ほど続いた。布団の上で眠ることは当たり前のようだが幸せなことなんだなあと実感した。今でも、椅子の上でなく布団で眠れて良かったと思いながら、眠りにつくことがある。

当時、残業時間や休日出勤の管理はあったのだろうか？　あったはずだが、少なくとも私は管理されていなかったように思える。自分で働く時間を決めていたし、仕事のきりが悪いときには、昼食の時間も変えていた。自分に任された仕事をやり遂げることに集中していたので、働く時間や残業時間を管理されていたら、成果は出ていなかったと思う。他人から指示を受けず（依頼やお願いはよく聞いたが）自分の頭で考え、お客様の欲しいシステムを創るこの仕事にやりがいを感じていた。

システム開発の現場では、プログラムの障害（エラー）を解決しなければならない場面が時々発生する。数千ステップのプログラムソースコードを見ていても、どこに障害の原因があるかわからないこともあった。何日も原因を追究しても、障害を解決できない。考えるのに疲れてそのまま眠ってしまうと、プログラムをデバッグ（プログラムの欠陥を探し、取り除くこと）している夢を見る。夢の中でも仕事をしてしまう。これが不思議なもので、起きているときには、この辺りにエラーを生じさせる原因があるはずだと自分で決めて集中的に探索するものだが、睡眠の中でデバッグするときは、起きているときには絶対見ることのない離れているルーチンまでも浮かんでくる。そして、夢の中で「ここにおかしな影響を与えるロジックがある。ここだ!」と解ってしまう。ハッと目を覚まし飛び起きて、夢に出てきたプログラムの部分を確認すると、問題の原因が見つかったりする。こういった経験は一度や二度ではなかった。

人は起きているときには目の前のことに執着するが、リラックスしているときには思考の枠を外して、脳に蓄積されたものを引き出せるのだろうか。

この体験があって以降、なかなか解決できない問題は、早朝意識がぼんやりしている布団の中で解決するようにしている。

今でこそシステムエンジニアは1人1台以上のパソコンと複数台のモニターを使って仕事をするのが当たり前だが、当時はプログラミングやテストをするコンピュータが職場にないことも多くあった。それほどコンピュータは高価だったのだ。今の若い人たちには想像し難いだろうが、当時のコンピュータは今のようにコンパクトなものではない。私が社会人になった70年代は「大型汎用コンピュータ」が主流であった。大きさは、本体部分だけでも飲み物の自動販売機2台分の大きさである。本体部分以外に、コア記憶装置、磁気テープのセット部分、プリンターなどがあり、これも自動販売機数台分の大きさであった。

具体的にどのようにプログラミングをおこなっていたかも併せて説明しておく。1枚のカードにパンチして、1行のコードとなる。たとえば300ステップのコードを書くならカードが300枚必要だ。コンピュータを実行できるのは一日1回、コンピュータに入力するオペレータがいて、その人に依頼しなければならない。コンパイル一日、実行テスト一日、プログラム修正一日、また実行テスト一日、とにかく一日1回しかお願いできなかった。今から考えると悠長な開発だった。そのため、実行前に机上デバッグ（ロジックに誤りがないかどうか頭の中で検証する作業）を念入りにおこなう必要があった。

そういえば悲劇を思い出した。カード数百枚を運んでいるときに、何かにつまずいてカードを放り出してしまったことがある。カードの順番はバラバラになり、さあ大変。その日はコンピュータへ入力する依頼ができず、一日を棒に振り、上司に叱られた。上司に叱られることは多かったが、信頼関係があったので、叱られることは何ともなかった。むしろ、仕方ないねと甘やかされたり、沈黙無視されたりするほうがよほど嫌だった。

当時のコンピュータは非常に高価なものだったため、どこにでも設置されているわけではない。システム開発案件を受注しても、作ったプログラムをテストするためのコンピュータが私の在籍する会社には無かった。かといって「あの場所に行けば必ず使える」というものでもない。まずは該当のコンピュータがどこにあるのかを聞いて回るところから業務がスタートする。コンピュータメーカーのショールームに置いてある場合もあれば、お客様の会社にあることもあり、いずれにしても貸してもらわなければならなかった。頭を下げて頼みに行くことも仕事の一部だった。

マシンなどの仕事をする環境整備も、上司や営業に任せるだけではなく自分自身でもつくっていた。仕事が進まないとお客様が困ることになるし、自分が責められることになる。どうすれば与えられた仕事をスケジュール通りに進められるのか、自分で考え、自分で交渉し、自分で環境を作っていった。自分でやることは面白かった。いまのエンジニアは「それは私の仕事ではない」「ちゃんと仕事ができる環境をつくってください」というのかな。

仕事環境を自分で作った経験はその後の人生でプラスになった。


さて、プログラムをテストできるコンピュータが見つかっても、自分の使いたい時間に使えるわけではない。平日の日中はメーカーのエンジニアたちで予約がいっぱいになっている。空いている時間帯を探した結果、夜中、それも一番空いているのは日曜の夜から月曜の朝ということがわかった。

日曜の夜9時、「日曜洋画劇場」のテレビ放映が始まると、アパートのドアがノックされる。同僚たちが私を呼びにきてくれて、みんなで電車に乗って田町のショールームへ向かうのだった。親と一緒に同居していたならば「そんな仕事、辞めろ」と言われたに違いない。

また、システム開発の作業量が多い分、時間の使い方は工夫していた。会社にはフレックスタイム制が導入されており、コアタイムが10時~15時。多くの社員は9時50分頃出社していたが、私は朝7時に出社するようにしていた。

7時から9時半までに一つ目の顧客の仕事を終わらせ、9時半には二つ目の顧客と打ち合わせのために会社を出て、渋谷駅へ向かう。駅から会社に向かって出社しようと急いでいる同僚たちとすれ違うことが何度かあった。とにかく、やるべきタスクをこなしていたので、結果的に多く賞与をもらい、昇給も大幅アップだった。

最初からそのようなパフォーマンスができていたかというとそんでもない、初めはできていなかった。仕事が良くできる人を観察したり、助言をいただいたり、日々工夫し改善した積み重ねで、気がつくとそのような動きになっていただけのことであった。

賞与や昇給を多くもらってはいたものの、私は決して優秀なエンジニアというわけではなかった。完璧に仕事をこなす真面目なビジネスパーソンというわけでもない。会社の役員から見たら、規則通りに動かない扱いにくい社員だったのではないかと思う。失敗したエピソードがいくつかある。

ある時、他社で作ってユーザーが運用しているシステム保守の仕事を頼まれた。コンパイル（プログラムソースの中身をコンピュータが実行可能な形式に変換すること）するごとに1行のソースコードを印刷するのだが、そのプリンターの型式が古く印刷時間が相当かかった。最初の20行を印刷するのにおよそ10分要した。プログラムは１０００行以上あるため、全て終わるのには５００分、8時間以上かかる計算になる。これをただずっと眺めて待っているなんて、そんな馬鹿馬鹿しいことがあるかと、私はその場を離れ、街のパチンコ店に入っていった。

3時間後、パチンコに負けてマシンのところへ戻ると、私が席を立った直後あたりで紙詰まりが起きてマシンが止まっていた。

もうちょっとそこに居れば、ずっとプリンターの側にいれば、と後悔しても、時間は戻ってこない。これは、私の不真面目な行動を見て神様が説教したのだろうかと反省した。その後は、ずっとマシンの側に居て、情報処理試験のテキストを見ながら最後までコンパイルが終わるのを待った。

デスクで煙草を吸えるのが当たり前だった時代ならではのエピソードもある。徹夜で仕事中、机の端の方が何やらオレンジ色に光っている。どうしてだろうとぼんやり見ていたら、灰皿に残っていたタバコの火が書類に引火していた！　しかもよりによって、顧客から預かった大事な資料である。ほとんどが燃えて、解読不可能になってしまった。火事にならなくてよかったねと同僚から慰められたが、そのように考える余裕はなかった。翌朝、営業担当に謝って、もう一度同じ資料を取りに行ってもらえないか頼んだら、大声で怒鳴られた。当然である。結局自分で顧客のところへ足を運び、謝罪することとなった。

こんなこともあった。山手線に乗ってシートに座ると、睡魔が襲ってきて眠ってしまった。渋谷駅に着いた瞬間にパッと目が覚めて慌てて電車を降りたが、本当に慌てたのはその後だった。電車の網棚に顧客の大事な資料を置いたままだったのだ。ホームにいた駅員に乗っていた電車が一周廻ってくる時間を確認し、ホームでそのまま待った。山手線だったので運が良かったと思うのは私だけか、乗っていた電車が一周して戻ってくるのである。そして、先ほどと同じ車両にさっと乗り込み、網棚に書類を発見して事なきを得た。

他の人があまりやらないようなミスの連発だったが、自分でリカバリーするのに必死だった。

45年も過去の話だが、苦い経験がある。大企業の倉庫から「作ってもらったシステムの動きがおかしい」というクレームの電話がかかってきた。顧客へのヒアリングから設計、プログラミング、導入、運用支援まで一人で対応した案件だ。上司にも先輩にも頼ることができない状況で、顧客の業務や要求もあまり理解できておらず、中途半端なものを納品してしまった自覚と後悔はあった。

「とにかく早く修正して動くようにしろ！」の声を聴き、急いで渋谷駅へ向かい、電車に乗ろうとしたが、ホームで足がすくんでしまった。きっと怒られることは間違いない、土下座すれば許してくれるだろうか、殴られる可能性もある…。悪い考えが頭を巡り、次の電車にもその次の電車にも乗ることができなかった。ホームのベンチに座って電車を何本か見送って、覚悟を決めた。「殴られるかもしれないが、さすがに殺されはしないだろう」と。やっと山手線に乗り込むことができた。上司も営業も誰もついてこない、入社2年目の夏だった。

お客様の倉庫がある京成線の最寄り駅に着いてから、オフィスまでの道のりも非常に長く感じた。とにかく暑い日で、歩くとアスファルトが熱でぐにゃぐにゃと柔らかくなっているように感じた。

到着するなり、私は汗も拭かずに平身低頭し、ひたすら謝罪した。担当者からはとにかく早く何とかしてくれ、とだけ言われ、必死にプログラムを修正した。どうやら殴られたりすることはなさそうだ。修正作業を終えて、問題が起きないことを確認してもらい帰ろうとしたら、その倉庫の所長さんから「一緒に夕食でも」と声をかけられた。

「君の話し方、新潟弁だろ。私も新潟出身なんだ」

「新潟出身の若い人が頑張ってるのを見て、つい声をかけたくなってね」


鰻を人生で初めて食べさせてもらった。所長さんと故郷の話で盛り上がった。話をしながら、私は安堵感と新潟の人の温かさで、人目もはばからず涙してしまった。

人が生きていくなかで、すべて自分に都合よいことばかりではない。嫌なことが目の前に現れてくる。そこから逃げても、同じような嫌なことがまた出現するものだ。嫌だと思うのは自分の感情である。嫌なことに思いっきり立ち向かってやると相手の対応や事の難易度はそれほどでもなかったということがあった。嫌なことを乗り越えた経験が自信につながり、成長させてくれたのだ。

この所長さんに限らず、田舎から東京へ出てきた私を子供や弟のようにかわいがってくれるお客様や取引先の方、会社の先輩から、飲みに誘ってもらう機会も少なくなかった。私はあまりお金をもっておらず、ご馳走になるばかりであった。酒を酌み交わしながら、仕事の話や人生の先輩たちが歩んできた話を聴く時間も、私にとっては大変勉強になった。今は恩返しのつもりで、若い経営者やエンジニア、学生とお酒を飲みながら、昔話をしている（妻からは若い人にとって迷惑なんじゃないの、と云われているが…）。

東京でシステムエンジニアとして無我夢中で仕事をし、気づけば4年の歳月が経っていた。そういえば、上京の際に父からこんなことを言われていた。

「お前は長男だから、5年ぐらい東京の仕事を経験したら新潟に帰ってこい」

家業を継がないにしても、いずれ両親のいる地元へ戻るよう念を押されていたのだ。私としても一生東京で働き続けるつもりはなかったので、新潟での転職先を探すことにした。

会社の同僚や取引先など周囲の人達にも転職先について相談していたところ「総合エレクトロニクスメーカーのF社が新潟にシステムエンジニアの会社をつくったという話があり、その企業に派遣で行かないか」と提案してくれる企業が現れた。その社長も以前、同じ顧客のシステム開発をやったことがある人だ。ここでも築いた人脈が役に立った。トントン拍子に話が進み、私は新潟でシステムエンジニアとして仕事ができることになった。

自立

新潟の派遣先であるシステムエンジニアの会社でも多くの教訓や刺激をもらった。初めての出社日、廊下や階段ですれ違うすべての人が名前も顔も知らない私に「おはようございます」と挨拶してくれるのだ。それもかなり大きくはっきりと感情が伝わる声で。東京での勤め先、派遣先ではお互い知り合いになってからはカタチだけの挨拶はするが、知らない人には挨拶されたこともなかったし、私からも挨拶をした覚えがない。

朝、同じ職場で会った人に挨拶するという当たり前のことだが、温かみを感じ、「新潟に戻ってきたなあ、新潟はやっぱりいいなあ」と思った。この会社でも、多くの人と良好な人間関係を築くことができたし、やりがいのある仕事ができた。

そして、この職場で、妻・幸子と出会った。この職場は若い女性も多かったが、劣等感だらけの私は、女性との会話を必要最小限にとどめていた。しかし、幸子だけ他の女性と何か違うと感じ始めていた。女性と仕事以外の話をしたことはあまり記憶にないが、幸子の話を聴いて「あっ」と声を出してしまった。幸子も私と同じ専門学校に在籍していたのだった。

在学当時は幸子の存在を知らなかったが、共通点を見つけたことで私たちの関係は近づいていった。スキーやドライブに行きながら、一年間の交際を経て結婚した。その後、40年間支え続けてもらうことになった。

もし、あのつまらない専門学校（専門学校自体は充実したカリキュラムができており素晴らしい教育をしているのだが、私の気持ちが萎んでいた）に入学していなかったら、この職場で幸子と話が弾むこともなかっただろうし、その先の交際なんてなかったはずだ。そうしたら、私の人生はどんなふうになっていたのだろう。この出会いこそが、8年前の専門学校時代には予期していなかった人生最大の幸福をもたらした。

人生に停滞や暗黒の時代があったとしても、きっとそれは意味があるのではないか。それから私は、苦痛な境遇、つらい経験もきっと私に何かを示してくれるのだろうと考えることにした。実際そうであった。経験することに無駄なことは少なかった。無駄にしないように、人や事との出会いに敏感になろうと思った。

派遣エンジニアとして働き始めて2年ほど経った頃、派遣先の会社役員から「ずっと派遣でいくのは将来不安だろう。うちで正社員になるか、もしくは独立してうちと取引をしないか」と提案を受けた。派遣先企業は日本を代表する総合ＩＴ企業の関連会社であり、業績は安定しているし、これからも日本を支える企業となっていくだろう。

社員の給与や福利厚生もしっかりしている。正社員になればサラリーマン人生は定年まで安泰。きっと多くの人が正社員になる道を選ぶだろう。

しかし、私は正社員の誘いを断り、独立することにした。それもフリーランスとしてではなく、会社を設立することにしたのだ。

50歳を過ぎてから、新潟県内のいくつかの大学で講義や講演をすると、学生から質問を受ける。

「なぜ、起業しようと思ったのですか？」

「燕の街で生まれたので」と、とりあえず答える。私の生まれ故郷である新潟県燕市は、金属工業がさかんで、日本一社長が多い地域としても知られている。実際私の父をはじめ、隣近所どこを見渡しても商いをしている社長ばかりだった。だから、会社を立ち上げることは私にとって何も特別なことではなかった。

さらに、他の学生からよく聞かれる質問に「起業する不安はなかったのですか？」というのがある。

「不安はありました。しかし、起業しないと不安より後悔が大きくなると思ったので」

と答えるようにしている。また、「将来の見通しはあったのですか?」という質問には、

「一か月先しか見えなかったよ」

と笑って答えるしかない。

「会社をつくってみようと思う」と婚約している幸子に、私は相談した。

「いいよ、頑張ってね」

幸子の父も自営業で、働く親の姿を見て育ってきたからだろう、すんなりと応援してくれた。私が会社経営に奔走する裏で、彼女が大変な思いをしていたことがわかったのは何年も経ってからのことだ。

―起業は男のロマンか
―自分がこの世に生まれて何をなすべきか、思考の具現化
―宇宙の中では無に等しい小さな存在だが、一人のたった数十年で何ができるのかの探求

と、いろいろ格好つけても、「幸せになりたいから」というのが一番の理由だった。自分と家族、そして集まってきてくれる社員、お客様、取引先様を喜ばせ、幸せにしたいから起業する。

大きな組織で全員同じ方向へ連れていかれるよりも、少ない人数で気ままに方向を変えながら突き進む方が私の性に合っていると思えた。例えるなら前者は飛行機で、大勢を乗せて皆同じ方向へ高速で飛んでいくが、後者は一人乗りの自転車で風を感じながら行きたい方向へペダルを踏むイメージだろうか。大きな組織で規則に縛られながら指示や命令をされるより、自分のやりたいことを思う存分やれる道を選んだのだった。

会社設立の手続きは、一人で法務局に何度か訪問して進めることができた。銀行口座の開設も窓口で迷惑をかけながらなんとか終わらせた。今であれば、ネットでわからないことを検索して知識を得ることができるが、当時は知っている人に聞いたり、書籍で学んだりするしかない。多くの人の助けを借りながら、会社を設立した。

会社名は、「株式会社オールビジネスカンパニー」に決めた。幅広い業種の企業や団体にシステムをつくって提供していこうという想いを込めている。英語だと「All Business Company」。アルファベットの最初の3文字「ABC」と表記できるのも気に入った。

オフィスは新潟地方裁判所の脇の道を挟んだ長屋でスタートした。私の社長としての初任給は29万円。会社を継続することが大切で、これから社員や設備も整えていくためには経費も必要となっていくだろう。下請けで高い単価の仕事はしばらく望めない。まずは最低限の生活ができればいいと考えた。

会社を設立するにあたって、私は多くのことを学ぶ必要があった。経営戦略、資金繰り、マネジメント、人材育成……。システム開発エンジニア一本でこれまで仕事をしてきた私にとって、わからないことだらけだった。

取締役として、私が新卒で入った企業の同期入社で同じ新潟出身だった臼井に声をかけた。臼井もシステムエンジニアのフリーランスとして働いていたが、一緒にやろうということになり、オールビジネスカンパニーは1985年4月1日にスタートした。27歳だった。

設立して半年が経った頃、私は資金繰りの問題に直面していた。会社のキャッシュが底をついてしまったのである。荒々しい経営をしていたつもりはなかったが、いつのまにか、という感じであった。社員への給与や取引先への支払いを最優先にしたところ、私の報酬に充てるお金がなくなり、私の給与ゼロが2ヶ月続いた。

「いつになったらあなたの給料が入るの」

新婚の妻から急き立てられた。経営への心配もあったのだろう。

「仕事は忙しいし、稼働している利益は上がっているのだが、案件終了後の請求から回収まで時間がかかっているんだ。間違いなく入金はあるはずだ」

会社設立から応援し続けてくれている妻に申し訳なかったが、足りないものはどうしようもない、と答えるしかなかった。次の月も自分の報酬は後回しにした。

「会社、どうなの？　大丈夫なの？」

翌月、幸子の声がエスカレートしていた。

「すまないが、お前の賞与を会社に貸してくれ」

幸子が勤めている会社で、ちょうど賞与が出る時期だった。賞与を借りて、会社の不足する経費に充ててなんとか急場をしのいだ。

設立2年目には、平山家四兄弟の末弟である平山慶三朗が入社した。慶三朗は私と同じ新潟電子計算機専門学校を卒業し、会社初の新卒社員となった。兄である私の姿をみて、これからの時代はITエンジニアが活躍できる時代だと思ってくれたようだ。慶三朗本人の口から「兄ちゃんの会社に入りたい」と言ってくれたのが何より嬉しかった。慶三朗は現場の先輩社員に実務を教わりながら、入社から3〜4年経つ頃には立派なシステムエンジニアとなってくれた。

システム開発案件の受注も増えてきた。併せて、社員も増やさなければならない。専門学校や大学の就職担当者を訪問することも始めた。まじめに勉強せずに卒業した母校にも出向いた。当時の担任だった先生が就職担当も兼務していたのがよかった。

「平山君、ソフトウェア会社をつくったのか」

「はい、設立して2年目なので、私が新入社員の教育係もします」
「君は在校中、あまり成績がよくなかったからなあ。卒業できる条件の出席日数もぎりぎりだった。その平山君がなあ」
先生は心配そうな反応を見せてきたが、他の会社と同じように、求人票を生徒に見られるように配慮してくれた。それから、毎年数名の学生が入社してくれた。友人・知人からの紹介もあり、社員はどんどん増えていった。

事業が大きくなると、日々動くお金の額も増大し、資金繰りも重要な業務となっていった。エンジニア派遣はできるだけやらずに、開発案件を一括受託する事業を多くした。せっかくＡＢＣに入社してもらったのに、他社へ派遣するのは避けたかった。社員にはＡＢＣへの愛着や信頼を持ってほしかったのだ。

会社設立4年目になる頃、仕事の受注、入金回収、採用、教育も少しずつ回るようになってきた。資金繰りも堅調になり、2～3か月入金が無くても問題なくやっていける状況になった。私個人として給与を受け取らない時期もあったが、今後いつまた資金繰りに窮することになるかわからないため、今まで会社に貸してあるお金を受け取ることはしなかった。

この頃、私たち夫婦の初めての子供、恵美子が誕生した。子供が生まれたのを機にオフィスに近い新潟市内のアパートへ引っ越して、親子三人の生活が始まった。生活費を切り詰めながらではあったが、楽しかった。幸子は服を買うお金が無いと口には出さなかったが、その顔を見て感じていた。すまないと心の中で詫びた。外から見ると社長は裕福な暮らしをしていると思われがちだが、中小企業の経営者は、大企業の平社員より質素な生活をしていることも少なくないのだ。

設立して5年が経ち、ABCは総勢20名を超える規模までになっていた。経営のイロハも知らない27歳が始めた会社がここまで大きくなったのは、コンピュータを経営に活用する企業が増加してきた時代の流れが大きい。

当時は事務処理用に特化した「オフィスコンピュータ」が企業に普及し始めた頃であり、新潟県内の企業でも次々とオフィスコンピュータが導入されていった。オフィスコンピュータで使う業務管理システムの開発、導入、運用支援をするのが我々ソフトウェア会社の仕事だった。

次々と仕事が舞い込んでくる状況なので、人材採用も精力的におこなっていた。その頃には新潟県内のコンピュータ関係の専門学校は3校に増えていた。優秀な学生は東京の大手ソフトウェア会社に就職する傾向にあったが、地元新潟でエンジニアとして働きたい学生たちがABCを選んでくれることは非常にうれしかった。また、プログラマーの転職希望者や東京から新潟へのUターン希望者がいないか知人に随時聞いてまわり、対象者がいれば紹介をお願いしていた。

事業規模が大きくなるのはいいことだが、一方で私は頭を抱えていた。プログラマーは多いものの、システム開発案件の進捗を管理するマネージャー、顧客の要望をまとめて要件を確定できる上流エンジニア、若手エンジニアを育成指導する管理職が不足していたのである。また、経営企画を担ってくれるメンバーがいないことも大きな課題だった。不足している機能を補うのは結局私の役目となり、システム開発業務も行いながら、営業、総務、人事労務などをやり続ける羽目になってしまった。経理庶務の若い女性がいてくれたので幾分助かったが。

挫折

知人から経験のある年配者を紹介いただき、営業や管理職になってくれるようお願いもしたが、入社後どうにも私が思うようなパフォーマンスを発揮してくれなかった。きちんとした企業理念や会社の方向性を明確に示すことがなく、目指すビジョンが共有できていなかったことも一因かもしれない。

今だから冷静になって振り返ることができるが、あの頃の私は、ＡＢＣの価値観を社員に共有することに力を入れていなかった。会社として顧客から依頼された仕事を無事に納品すること、売上を立てて社員に給料を払うこと、取引先への支払いにばかり頭を使っていた。

会社を設立し、社員を採用してわかったことがある。仕事に主体的に取り組めず受け身の姿勢の人や、できないことの言い訳を先に立てる人、責任を回避したがる人が存在するということだ。

—会社のこんな状態を生んでいるのは、おそらく自分にも原因があるのだろう。どうしたらよいのだろうか。

答えを求めて、経営者の自叙伝やビジネスを評論する書籍をたくさん読んだ。日本を代表する経営者の本を何十冊も読む中で、今の自分が悩んでいるのと似たようなことを、偉大な彼らも若いときには同じように悩んでいたのだと知った。日本を代表する経営者たちに背中を押され、私も経営の組織を変えていこうと取り組み始めた。

まず手をつけたのは、経営幹部の育成である。経営や事業の状況を判断して、率先して動いてくれる幹部を作りたい。自分の会社として考え、お客様や社員を元気にしていくリーダーになってもらうためにはどうしたらいいのだろうか。

ABC自社株の譲渡をして自分の会社だと考えてもらおう。これは世界的なスポーツ用品メーカーの創業者の話を参考にした。ワンマン社長であった創業者が自分の株を社員に分け与えて、皆で自分の会社だと思ってやっていこうというくだりである。この創業者とは縁あって2人で長時間向かい合って話し合うことになる。十数年後のことだ。

私は極力、社員の話を聴いて考えてきたつもりだったが、トップダウンで指示や命令を出し、自分一人で決めて自分一人で動き、一人で大変そうにしていた。いわゆるワンマンになっていたのかもしれない。

これまでのワンマン体制を打破すべく私が取り掛かったのは、役員への株の譲渡だった。

これまでほとんど自分で持っていたＡＢＣの株式を３名の役員に無償で渡し、私が持つ株の割合を50％未満にした。覚悟をもって判断・実行したことであり、彼らと一緒に、責任も権限も業務内容も分担し、協力して会社を発展させるという願いを込めてのことであった。

「これからはみんなの会社だと思って、一緒に経営をしてほしい。社員のためにも、お客さんや取引先さんのためにもいい会社にしていこう」

株式の譲渡を決めた時、３名にはそのことを伝えた。もちろんそれが私の本心だった。もっと主体的に、一緒に仕事に向き合ってほしかったのである。

１９９１年1月、大雪の日に事件は起きた。

いつものようにオフィスに出社し、当日のスケジュール確認や業務準備を終え、社員数名と雑談を交えてから、社長室へ入り席についたタイミングだった。ドアがノックされた。ゆっくりと2回…。

「はーい」

返事をすると、3人の役員が入ってきた。社長室の応接の椅子に腰掛ける私の前に、ずらっと並んだ。3人の役員の中でも1番年上でリーダー格の熊倉が言った。

「平山、お前には社長を辞めてもらいたい」

「……え？」

「俺たちで話し合った結果だ。お前の持ち株より俺たち3人合わせた株の方が多いから、文句ないよな」

「いや、ちょっと待ってくれ。全く意味がわからない。正気か？」

「ああ、3人とも同じ気持ちだ。お前にこの会社は任せられない」

青天の霹靂とはこのことか。会社は財務的にも順調になり、経営基盤が確立できてきたのに、ここへきて役員の裏切りが起きてしまった。今日まで私一人で何役も仕事をして、社員たちに給料を払えるよう頑張ってきたが、彼ら3人は同じ気持ちではなかったのだろうか。あの時に株を譲渡した私の想いを、理解してくれていなかったのだろうか。

その日の帰り道のことはよく覚えている。降り積もったばかりの新雪をゆっくりと踏みしめながら歩いていたが、ふと振り返ると、私の足跡は右にも左にもくねくねと曲がっている。私がどれほど動揺しているかをそのまま表したようだった。

その日から三日三晩、全く眠ることができなかった。いつもと同じ就寝時間に布団に入るのだが、じっと目をつぶっていても一向に眠気はやってこない。自社株を譲渡したことへの後悔、裏切った役員たちへの怒りと絶望感…。負の感情が堂々巡りしたまま数時間が経ち、気づくと外は明るくなっていた。結局一瞬たりとも眠れなかった状態で、朝早く家を出て会社に行った。業務の合間に役員と話し合いをしようとするのだが、あまりの衝撃にお互い歩み寄ることができない。

こんな状態が3日間続き、心も体もボロボロになった4日目の夜、ようやく私の中で踏ん切りがついた。「これ以上考えていても仕方ない。私は会社を去って、新しいことを始めるしかない。前に進むしかないのだ」と。若いときにラジオ番組で聞いた、年老いた父親と娘の話を思い出した。


「相当悪い状態だが、まだ、最悪ではない」

気持ちを切り替えた途端、スッと眠りにつくことができた。人間は緊張状態になると、3日間全く寝なくても生きていけるのだなとわかった。

その後、第三者として私が信頼していた同業の社長に仲裁役に入ってもらい、熊倉と私とで話し合いを重ねたが、熊倉が話を打ち切った。ほかの2人の役員はそれほど強く反旗を翻すほどではなかったようだ、熊倉にそそのかされたのか。

これまで私は社長としてできる限りのことをやってきたつもりだった。システム開発以外の誰もやる者がいない仕事は全て自分がなんとかしてきた。一方で、役員たちとしっかり向き合う時間をつくることができていなかった。私が反省すべき点はいくつもあるだろう。

いや、だからといっていきなり私を辞めさせるのは常軌を逸している。会社を乗っ取ってほしくて株を分けあったつもりはない。志を共にする仲間だと信じていたのに、どうしてこんな酷いことができるのか。

1月の大雪の日から約2ヶ月間、私は毎朝5時に車で家を出て、会社へ通った。妻は私を心配していたのだろう。毎朝同じ時間に早起きして、私を見送ってくれた。

「身体は大丈夫？　今日も頑張ってね」

玄関を出る時に妻が静かにかけてくれる言葉は、私にとって唯一のエールだった。たとえ世界中の人間全員が、私の敵だったとしても、愛する幸子が応援してくれさえいれば、私はそれ以上何も望まない。

今までの自分の頑張りが泡になるような虚しさ、人間の裏切りの恐ろしさ、それでも支えてくれる妻の優しさ、いろんなことが入り混じって、私は毎朝涙を流しながら車を運転し、会社へ向かった。

今振り返ると、この2ヶ月間は非常に感情の起伏が激しかった。誰も信じられないという絶望の中で、妻の存在が唯一の希望であった。結局私は3月末で自分が設立したこの会社を去ることになった。20人もの若者を採用し育てた会社だったのに…。

1991年3月の最終出社日、その日もいつもと変わらない社内の風景。社員たちが自席で仕事をしているのを横目に、誰にも見送られることなく、私は静かに会社を去った。次女安希子が生まれて1年が経った頃のできごとだった。普通であれば、家族4人の団らんもあったろうに、まったく先が見えなくなった。

そういえば、ABCの社長時代に私のところに来ていた社外の人たちも、私がABCを去った途端一斉に潮が引くようにいなくなってしまった。仕事目当て、情報目当てで私のところに来ていたのだろうか。だからこそ、今までと変わらず私のところに来てくれた数名の友人の存在はありがたかった。多くのものを無くした私に「平山、大丈夫か！」「また、復活してくれよな」と声をかけてくれた。この言葉はうれしかった。その気持ちがありがたかった。

このことがあってから、私は失意のどん底にいる友人を訪ねて激励するようにした。大きな病気、会社倒産、ご家族の死など、辛いことを経験した人だけがその気持ちを解るものだ。暗闇の中に一点のあかりが失意の人を元気づけてくれる。

数か月後に元気を取り戻した後、友人が訪ねてきたときに聞いた。

「平山がＡＢＣを去ってから、新潟のソフトウェア業界ではお前の噂話が飛び交っていたよ」

「そうなのか、根源の俺には聞こえていなかったけれど。どんな話なんだ」

「どうやら、平山は５００万円のクラウンに乗っているらしいとか、平山は愛人を囲っているようだって」

「伝言ゲームは怖いなあ」

内実、90万円で購入した中古のシビックに乗っていたし、愛人の話は妻と大笑いしてしまった。週刊誌の芸能人のゴシップ記事も、きっと似たような根拠のない誰かの話が載っているのかもしれないなあと思ったものである。

この事件から数年間は、3人の役員を恨み続けていた。私の母親はことあるごとに「恨むなよ、その人を許せよ」と説いてくれた。それは、私が精神的な病気にならないようにと気づかってくれたことなのだが、とても当時は許すなんて気持ちになれなかった。しかし、30年も経った今は感謝すらしている。あの日々を乗り越えたからこそ今の私がある。私の人生にとっては深い意味を持つ3ヶ月間だった。私を鍛えてくれたのだろう。

―弱い人と将棋を指して勝っても意味がない。自分の弱点を突いてくる強敵と戦うから自分が成長できるのだ

ちなみにこの出来事について、当時の私は仲裁役になってくれた社長以外の誰にも相談できなかった。金融機関や取引先に情報が漏れ、ビジネスに影響が出るのを避けるため、社員にも黙っていた。弟の慶三朗にも他の社員同様、経営層の間で何が起こっているのかは伝えなかった。親しい友人にも一切話すことができなかった。

「心細い時こそ、信頼できる大切な人に相談することだ」とは、落ち着いた今でこそ解ることである。

再起

ＡＢＣを離れて数日、私はひたすら自宅で過ごしていた。精神的に参っており、何もやる気が起きない。ちょっとした食料の買い物に出かけることすらできないほどだった。一日中寝間着のまま、ほぼ引きこもりに近い生活をしていたが、妻はそんな私に文句も言わず、優しく見守っていてくれた。

４月のある日、自宅に４名の若者が訪ねてきた。ＡＢＣの社員たちだ。その中には弟の慶三朗もいた。慶三朗も含め、全員が20代半ばのエンジニアだ。

「俺たち、社長と一緒に仕事がしたくて」

「やっぱり平山社長の下で働かせてください」

寝間着姿で無精髭を生やし、髪もボサボサのままで玄関に現れた私は、おそらく彼らの知る平山社長からかけ離れていただろう。だが、彼らはそんなことには動じない。

「平山社長の人柄に惹かれて入社したんです。社長の会社じゃないとダメなんです」

「新卒で育ててもらって仕事ができるようになったんです、恩返しさせてください」

彼らは真剣な眼差しで口々に訴えてくる。荒みきった私の心に、一筋の光が差したように思えた。彼らは何の経験も無いまま入社し、仕事をしながら成長して会社のために頑張ってくれた社員だった。私は、社会人になったばかりで右も左もわからない彼らを育成する立場として、いつも気にかけていた。日々彼らの成長する姿を見るのが嬉しかったし、会社を辞めずに勤め続けてくれることにいつも感謝していた。

「そうか、君たちは、自分の意志でこうして私を訪ねてくれたんだな」

目頭が熱くなるが、彼らの前で泣くわけにはいかない。それに今の私には、再び会社を立ち上げる気力も彼らに給与を払えるお金の余裕もない。

「気持ちは嬉しいけど、今の会社で頑張ってくれ」

私はそう言って4人を帰すしかなかった。

それから2週間ほど経って、再びあの4人が私の家を訪れた。　2週間前と同じように、今は一緒に仕事ができない旨を伝えると…

「俺たち、会社辞めたんです」

「さっき4人で辞表を出してきました」

「だから、一緒にもう一回仕事しましょうよ、社長」

「僕たちにとって社長は平山社長だけなんです。お願いです」


会社を辞めたその足で彼らは私を訪ねてきたのだ。そこまでして一緒に仕事をしたいと思ってくれていたのか。私は胸がいっぱいになると同時に目頭が熱くなり、涙がこぼれてこないよう少しだけ上を向いた。私を頼ってくれる青年たちの前で、泣いているところは見せたくない。「とりあえず、上がっていけ」とだけ返事をし、4人を居間へ通した。

もう春だというのに、居間にはこたつを出しっぱなしにしていた。昼夜問わず横になっている私のために、妻は片付けないままでいてくれたのだ。4人はこたつを囲むように座ると、さっそく今の社内の状況について話を始めた。


「熊倉さんが社長になって、社内の雰囲気がよくないんですよ。みんな、普段は平然と仕事をしているんですけど、給湯室で愚痴を聞く頻度がかなり多くなった気がします」

「あと、派閥がハッキリ分かれちゃったよね。熊倉派と、それ以外と。熊倉派の人たちはしょっちゅう会議をしてる」
「熊倉社長のお気に入りのメンツが役職者になったり、とかね」
「熊倉派以外の社員は相当ストレスがたまってますよ。俺たちもですが」
「取引先も〝平山さんと取引できないならもういいです〟って、何社か契約が終了しましたし」

「そんなことになっていたのか……」

　話を聞く限り、熊倉が相当好き勝手やっていることはわかった。他の役員2名も彼の言いなりになっており、埒が明かないようだ。ひと通り話し終えると、4人は改めて私に向き合った。

「俺たちまだまだ経験も浅いし、正直システムの事以外はわからないです。営業だってしたことないし。でも、何でもやります。平山社長の役に立ちたいんです」

「お前、確か今年結婚したばかりじゃなかったか」

「はい、妻にも相談して決めました！　結婚するまで2人で生活資金を貯めてきたんで、安月給でもしばらくは大丈夫です！　ちなみに、こいつも新婚です」

「僕も妻には一応話しました。社長が代わってから、仕事の愚痴が多くなってたんで、『そろそろ辞めるんじゃないかと思ってたわよ』って言われちゃいましたけど」

「本当にみんな、それでいいのか？今までと同じ給与は支払えないし、お客さんを探すところからのスタートだ。自分がやりたい仕事だけできる環境は与えられないぞ。開発だけじゃなく新規の営業も、面倒な事務処理も、全部やることに」

一人が言葉を遮った。

「あーもう！　それでもいいんです。いや、そうしたくて俺たち、ここに来たんで」

「やりましょうよ、社長！」

4人はそれぞれ瞳をキラキラと輝かせていた。今日まで何度も話し合いを重ねて、志を同じくする仲間で私の元へ来てくれたと思うと、私はまたしても泣きそうになっていた。昨日までの絶望の日々が嘘のようだ。社長の座を奪われ、いきなり無職になってから、私はほとんど人間不信のような状態だった。何度も悪夢にうなされた。3名の役員を心の底から憎んでいた。しかし、こうして4名の若者が、私のところに戻ってきてくれたのだ。いつまでも暗い気持ちでいるわけにはいかない。

彼らの覚悟を私は心から歓迎することにした。4名のうち新婚が2名いることは私にとって非常にプレッシャーではあったが、彼らが路頭に迷わないように、進むしかなかった。

新たに会社を立ち上げるにあたり、私は「いい会社とは何だろうか」と考え続けた。ABCの社長だった頃、私は社員を育て、お客様取引先様の依頼をこなすために精一杯尽くしていたが、果たしてあれはいい会社だったのだろうか。

そもそも、人はなぜ仕事をするのだろう。生活するための金銭を得ることはもちろんだが、理由がそれだけなのはどうにも寂しすぎる。もしお金だけが仕事のモチベーションなら、社員に高い報酬を与えればその分だけ質の高いパフォーマンスに還元してくれるかと思いきや、そうではない。大企業でも、高い報酬を受け取りながら、会社や上司、部下、同僚の悪口を言い、足を引っ張る人たちを何人も見てきた。

また、一時的に好業績の会社でも、お客様への対応が悪く、お客様から不満の声が多いのは「いい会社」とは言い難い。お客様が口コミで「あの会社はおすすめだよ」と自信を持って薦めてくれるような会社が「いい会社」ではないだろうか。社員が家族や友人に自分の会社や働き方を自慢できる会社が「いい会社」ではないだろうか。

そして何より大事なのは働く本人と家族の幸せだ。社員一人一人が毎日会社に来て、仕事を通じて成長し、夢を叶えようとする。そして、活き活きと主体的に動く、そんな会社が「いい会社」ではないだろうか。

新たな会社を立ち上げるとして、その会社を選んで入社してくれた社員とどういう関係を作っていくのか、声をかけていただいたお客様やパートナーにどんな価値を提供していくのか、私はひたすら考え続けた。

多くのソフトウェア開発会社がやっているエンジニア派遣の事業はやりたくはなかった。食べていければいい、売上利益が安定すればいいと考えるなら、社員を同業他社に派遣する方法は手っ取り早いけれど、それはどこの会社でもできる。どこでもできることはやらない。私は理想を掲げた。

1991年5月17日、私は前述の若者4名と、何の後ろ盾もない状態で「株式会社ウィードゥ」を設立した。資本金は親や友人から借りたが、数年後に返済することができた。

コンピュータがますます普及する世の中で、これからの社会や企業のニーズもどんどん変化してくるだろう、ＩＴ技術も目まぐるしく変化していくだろう。その流れに対応できるように、メンバー一人ひとりが成長し続けよう、という意味を込め、我々（We）は～する（do）を社名にした。

ウィードゥを設立時点では技術力もほとんど無く、お客様も無く、資金も無く、パートナーもいなかった。あったのは理想と情熱だけだった。創業して間もないころ、仕事が終わると近くの居酒屋に行き、社員のみんなと語り合った。

「一人ひとりが成長し、活躍して、有意義な人生と仲間をつくることができると最高だ」
「自分たちが生きている証、ウィードゥが存在している理由、意義を大事にしたいよね」
「同業他社と差別化して、お客様から選ばれたいなあ」
「お客様に驚かれる、喜ばれるとうれしい、そんな仕事をやっていきたいですね」

奮闘

こうして私と若者4名でスタートしたウィードゥだったが、前職時代の顧客や取引先とは、離職時の約束から受注ができない。新たな取引先を開拓するため、私はまず東京時代の知人を頼ることにした。しかし、1980年代後半以降、首都圏ではソフトウェア開発会社が続々と設立され、大勢のライバルがひしめき合っていた。そのため、地方に居て商談を待っているだけでは、回ってくる仕事の話は下請けの下請けのさらに下請けのような仕事である。下請けの数だけ手数料を引かれ、我々に回ってくる頃には非常に低い単価の案件になっていた。

それ以上に影響が大きかったのが、バブル崩壊だ。私がオールビジネスカンパニーを去り、ウィードゥを設立した1991年はまさにバブル崩壊が始まった年だった。株価は下落し続け、地価の下落も始まった。それに伴い日本企業は先行き不透明となり、多くの企業がIT分野への投資を控えるようになってしまったのである。不況の足音が日に日に大きくなっていたこの時期、普通なら、いまの会社に我慢してとどまろうと思うのが当たり前だろう。まして、頭の良い人であれば起業するなんてことはしない。そんな状況でも4名の若手社員たちが私についてきてくれたことを思うと感謝したい。

設立初期に受注した案件では、作業完了後、入金期日になっても請求金額が振り込まれないことがあった。大手宅急便会社のシステム開発で、元請けソフトウェア企業から作業指示をもらって依頼案件を終了させたものの、一向に入金がなかった。詳しく調べたところ、この元請けソフトウェア企業からウィードゥまで、なんと5社も商流に入っていたのである。請求金額が支払われない原因は、ウィードゥから商流の2つ上に位置する企業の支払処理がストップしていたことが原因だった。次の仕事も依頼されていたが、こんな商流では仕事は受けられないと断ったことの腹いせだった。しつこく交渉し、なんとか支払いしてもらうことができたが、下請け仕事がつくづく嫌になった出来事である。ソフトウェア開発の仕事がない時期だっただけに仕方がなかったか。

お金に関するトラブルは他にもあった。あるシステム開発案件を無事完了させたが、取引先から支払期日に入金されたのは請求金額の半分だけ。およそ400万円が未払いのままだった。しかも我々と直接やり取りをおこなっていた社長本人が音信不通になってしまったのである。名刺に書いてあるオフィスも訪ねたがすでに空き部屋となっていた。以前、その社長との雑談の中で「埼玉県三郷市に住んでいる」という話を聞いていた私は、何としても社長を探し出すべく、新潟から車を走らせて埼玉方面へ向かった。社長を探せる自信があったわけではない。しかし、社員のことを考えれば、泣き寝入りはできない。

三郷市には三郷駅、新三郷駅、三郷中央駅の3つの駅がある。どの駅を彼が使っているかわからなかったので、とりあえず最も規模の大きいJR武蔵野線の三郷駅を選び、夕方4時頃から改札前で待ち伏せをすることにした。彼がその日、確実に現れるかどうかわからなかったが、会社のためになんとしても残り半分の金額を回収するつもりでいた。

三郷駅は1991年当時で1日約1万6000人が利用する駅である。電車が到着する度に東京からの仕事を終えて帰ってくるかなりの人数が改札から押し流され出てくる。一人の男を探すことは眼球も酷使して非常に苦労した。この駅で乗降していないのではないか、今日は通勤していないのではないか、もしかすると引っ越しして他の街に住んでいるかもしれない。ダメかと思った夜8時、改札口から出てくる人の波の中に、ついに行方知れずの彼を見つけ出したのである。まさか、自分の住所も伝えていない新潟の会社の社長が、埼玉まで自分を問い詰めにくるとは思っていなかったのだろう。私に肩を叩かれた瞬間、彼は目を丸く見開いて驚き、一瞬で顔が青ざめたのがわかった。私は話し合いをすべく彼と三郷駅近くのレストランに入った。

「未払いの400万円はどうなっているのか」

「払おうと思っているが資金繰りが…」

「ウィードゥが働いた分のお金はお客様から入金があったんだろう」

「他の支払いに充ててしまった…」

「ふざけんじゃねえ。家族や知人からお金を借りろ。銀行から融資を受けてでも支払え」

「私にはフィリピン人の妻がいて病気で、実はまだ3歳にも満たない小さい子どもがいて」

400万円とは無関係の身の上話を続けるため、とうとう私も堪忍袋の緒が切れた。

「いい加減にしろ！」

店内にいた他の客の多くがこちらを振り向いたようだった。相手を威嚇するくらいの怒鳴り声をあげた。普段めったに怒鳴ったり、大声をあげたりすることのない私だが、社員が頑張ってくれた分の金額を取り返すためならばと、心を鬼にした。最終的に、残りの金額を10分割して毎月支払う旨の契約書をその場で結び、必ず支払うように念を押して私は新潟に戻った。結局その後、分割での入金も4回で終わった。5回目の入金がなく現地に赴いたところ、契約書に記載された住所は既にもぬけの殻だった…。

いくつかのトラブルに遭いながらも、私は精力的に動く時間を過ごしていた。何より私を奮起させた4人のメンバーが主体的に行動してくれることが大変頼もしかった。単価の低い案件がほとんどなので、全員が1人あたり1人分の仕事では満足な給与が払えないが、全員が1人分以上の仕事に取り組んだことで、給与も賞与も出すことができた。平日は終業後も5人全員が残り、土曜日も自主的に出社して仕事を進めた。些細な問題が発生しても、その都度5人で話し合い、短時間で解決した。最高のチームで仕事をしている実感があった。

1991年6月下旬、営業のため東京方面へと向かっていた上越新幹線の車中でアナウンスがあった。「新潟からご乗車の平山健太朗様、電話がかかってきております。乗務員の車両までお越しください」。当時はまだ携帯電話が一般に普及しておらず、新幹線内に「列車着信通話」というサービスがあった。列車番号と個人名を伝えれば、新幹線乗車中の個人宛に電話をかけることができた。新幹線のすべての車両に、私の名前が聞こえるわけである。どんな緊急事態で誰が電話してきたのだろうか、「もしかして、家族の誰かが交通事故にでもあったのか…」と不安になりながらアナウンスで指定された車両まで早歩きで駆けつけた。

電話をかけてきたのはウィードゥの社員だった。

「社長大変です！　オールビジネスカンパニーが廃業するそうです」

衝撃の事実を耳にした。

「廃業って、どういうことだ？」

「仕事が全然来なくなって廃業になった、と、ABC時代の取引先から聞きました」

「何だって？」

私が去ってからほんの数ヶ月で、まさか廃業とは。こうなるのであれば、なぜあの時、役員3名は私からあの会社を奪ったのだろうか。そして雇われていた社員たちはどうなってしまったのだろうか。

「社員はどうなったんだ？」

「それが……全員解雇だそうです」

私から強引に会社を奪った役員たちらしい、ずいぶん乱暴な店じまいの仕方にあきれてしまった。だが、何より心配なのは解雇された社員たちが今どうしているかだ。彼らは新たな職に就けるのだろうか、失業したまま、路頭に迷うことにならないだろうか。

私は居ても立ってもいられず、その日の東京でのアポイントはすべてキャンセルして新潟へ引き返すことにした。上越新幹線の終点の大宮駅（当時はまだ新幹線が東京駅までつながっていなかった）で新潟行きの新幹線にすぐさま乗り込み、急いで新潟のオフィスへ戻ると、ウィードゥの４名の仲間とともに、解雇された社員たちに手分けして連絡をとった。

翌々日、今後の就職の目処が立っていないＡＢＣの元社員10名ほどが、ウィードゥのオフィスに集まった。

「もし、まだ自分で転職先を探すことが難しいと思う人は、私と一緒にこの会社で働いてくれないか」

元社員たちの顔ぶれを懐かしく思いながら、私は一人ひとりの目を見て、こう投げかけた。私の投げかけに、何人かの顔色がパッと明るくなるのを私は見逃さなかった。突然社長が替わって、会社の経営が傾いて、挙句の果てに全員解雇だ。わずか3か月の間に起きたとは思えない怒涛の展開に、みな疲れ切っていたのだろう。

「あの、平山社長」

集まった10名の中の一人がスッと手を挙げた。

「今まで、申し訳ありませんでした」

「えっ、どうしたの?」

突然の謝罪に、私は拍子抜けした。

「平山社長が会社を去ることになった時、何かおかしいなと思ったのですが、役員に意見を言うこともできず、他人事のように過ごしていました。本当は平山社長の元で働き続けたかったのですが、自分にはどうすることもできませんでした。結果的に会社がめちゃくちゃになって、こうして失業者になって……」

「いや、君たちが悪いのではない。私の経営者としての判断ミスが招いた結果だから。もう少し、慎重な判断をすればよかったんだ。君たち社員は何も悪くないよ。」

「そんな……」

「ウィードゥはまだまだ小さい会社だし、今は新規取引先の開拓で苦労している状況だ。しかし、一緒にウィードゥを立ち上げてくれた4名が本当によく頑張ってくれている。以前の会社にはまだ及ばないが、給料も少しずつ払えるようになってきているんだ。君たちのような経験者が入社してくれたら、私は心から嬉しいよ。前の会社では、私ひとりで頑張りすぎていた。とにかく売上を伸ばして、社員に給与を払うことばかり考えていたから、社員や役員を置いてきぼりにしていた部分もあっただろう。しかし、ウィードゥではその反省を活かすことにした。もっと社員一人ひとりが主体性を持って、成し遂げる会社にしたい。その想いを込めて"We"と"do"を社名にしたんだ。進み続けてくれる意志があれば大歓迎だよ」

会議室の一番うしろで立ったまま私の話を聞いていたウィードゥ創業メンバー4名も、深く頷いていた。前の会社と同じ失敗はしない。私だけが進み続けるのでなく、私たちみんなで進み続ける会社にしたい、という願いは、創業メンバーにしっかり浸透していた。

最終的に、この集まりによって、新たに5名がウィードゥに入社してくれることになった。

オールビジネスカンパニーを去ってからこれまで、なるべく前の会社のことは考えないようにしていたが、会社が無くなった今、「なぜ役員3名が会社から私を追い出したのか」その理由を知りたくなった。オールビジネスカンパニーに最後まで残り、解雇された後ウィードゥへ入社してくれたメンバーに聞いてみることにした。

すると、一人が他人から聞いた噂話で不確かな情報ですがと、聞かせてくれた。役員3名のうち、一番年上でリーダー格だった熊倉は、オールビジネスカンパニー入社前、東京の大手IT企業に勤めていた。そこは小さなソフトウェア開発会社を次々買収し、規模を拡大していったことで業界でも有名な会社だ。熊倉の計画では、自分たちがオールビジネスカンパニーを乗っ取った後、その会社に買収してもらう、もしくは大手IT企業の人間を社長としてオールビジネスカンパニーに呼び込み、自分も良いポジションを維持し続けるつもりだったらしい。しかし、現実はそこまでトントン拍子に進まず、私を追い出した2ヶ月後、ちょうど私がウィードゥを立ち上げた頃には既存顧客の仕事が無くなり、この先、経営を続けられないと判断したようだ。

さて、私たちが5名体制から10名体制となって数ヶ月後の1991年秋、ウィードゥは資金繰りに行き詰まってしまった。システム一括受諾したことで、大きな入金は数か月後である。翌週に支払わなければならない外注費や公共料金、社員への給与等、830万円ほどが足りない状況であった。取引先や銀行と交渉し、なんとか資金を集めようと動いたのだが、設立したばかりの会社にそこまでの融通を効かせてくれるところはなかった。いよいよもうだめか、社員やパートナーさんに謝ろうと腹をくくった。みんなに応援してもらいながら不甲斐ない、もう手はないのだろうかと思い悩み、眠れない日々が続いた。入金される当てなどないのに、会社の通帳を数日おきに記帳しては、やはり増えているはずがないよなと落ち込んだ。あわせて個人の通帳も記帳しながら、「今日も入金なんてあるはずないよな」と思いながら目を疑ってしまった。私の口座にちょうど830万円が振り込まれていたのである。まさに、たった今、欲しい金額が入金されている。夢かな？　テレビのドッキリじゃないよな？

突然、800万円余りの大金がなぜ？と驚いたが、理由はすぐにわかった。私が去ったオールビジネスカンパニーの廃業手続きが進められていたのだ。振り込まれた830万円は、私が在籍中に受け取るべき報酬を受け取らず、会社に貸していた金額だった。役員3名にあんな形で乗っ取られてしまったのだから、もう自分の手元に入ってくることは恐らくないだろうと諦めていたお金だった。

それにしても、時期といい金額といい、窮地に陥ったタイミングでこんなことが起きるものなのだろうか。「ウィードゥを頑張って続けなさい」と神様が私に手を差し伸べてくれたようにしか思えない。この830万円の振込があったおかげで、ウィードゥは何とかピンチを脱することができた。

その後もこういった奇跡のような出来事には何度か遭遇している。社員の頑張りや取引先とのご縁のおかげで、運良く難関を乗り切り、助かったと思えることは一度や二度ではなかった。

すべて私の師

　私が生きてきた中で、多くの先輩や友人から「人」として、また「経営者」としての在り方、考え方を教わった。年上の人だけではなく、自分より若い人からも多くの刺激を受けた。その中でも、私の運が良かったと思うのは、著名な大先輩から指導をいただいたことだ。私がＡＢＣを去ることの要因となった「自社株の譲渡」だが、元々はスポーツ用品メーカーの創業者である大塚氏の著書を参考にしての行動であるが、その大塚さん本人と直接お会いすることができた時の話をしよう。

　ウィードゥを立ち上げてから十数年後のことだ。新潟県三条市の中小企業大学校でこの大塚さんの講演会があり、私も講演を聴きに会場へ向かった。講演会には２００名近い経営者が集まり、終了後には名刺交換をするための長い列ができた。１００人は並んでいただろうか、私は列の半分より後ろの方に並んでいた。

　私の名刺交換の番が来た。まだ列の後ろに待っている人がいる上、大塚さんもすでに50人以上と方と名刺交換をしてお疲れだろうと思い、私は手短に、自分が新潟でＩＴ企業を経営していることや、著書を経営のヒントにしてきたことなどを簡単にお話した（著書を参考に持ち株を役員に譲渡した結果、会社を乗っ取られた事件は、長くなるのでさすがに黙っておいた）。

「今度、神戸に遊びに来いよ」

と、大塚さんは笑顔で言った。憧れの経営者との名刺交換は大変緊張したが、そう声をかけていただけて私は大変嬉しかった。

それから1ヶ月ほど経った頃、この講演会で司会進行を務めていた人と会うことがあり、声をかけられた。

「平山さん、大塚さんに会いに神戸には行った？」

「いや、まだ行ってないけど……」

「神戸に遊びに来いって言われただろう、早く行ったほうがいいよ」

「えっ？　神戸に来なさいって、名刺交換した人全員に言っているんでしょう」

「いや、平山さんにしか言ってないよ。私は名刺交換中、大塚さんの側に居て、どんなことを言っているのかずっと聞いていたんだ。神戸に来いと言ったのは平山さん、あなただけだよ」

私は慌ててスポーツ用品メーカー本社の秘書室宛に電話をかけた。大塚さんの予定は当分埋まっているようだったが、何とか次月に「ご挨拶で30分だけ」という約束を取りつけることができた。翌月、私は神戸にある本社を訪ねた。いよいよ会う時間が来てしまった。会える喜びよりも、緊張が大きかったが、私の訪問をあたたかく迎え入れてくれた。そして30分の予定だったはずが、気づけば4時間も大塚さんと2人でお話をさせていただいた。話題は、本人の自叙伝に記されている最初から最後までをほぼ網羅しており、経営者としての経験、気持ちのあり方、生き様まで、貴重なお話をたくさんうかがうことができた。今まで書籍の中でしか学ぶことができなかった考えを本人から直接聴くことができ、私にとってこの4時間は夢のようなひとときだった。4時間のうち95％は大塚さんの話。残りの5％は私のあいづちだったが、最後に少しだけ私の話もさせていただいた。

「実は今、二つ目の会社の経営をしているんです。最初の会社は以前、大塚さんの自叙伝を参考に、自社株を役員たちに譲渡した結果、会社を乗っ取られてしまったんです」

すると、大塚さんはじっと私の顔を見て、笑顔で一言こう返してくれた。

「君は、人を見る目が無いんだな」

「私もそう思っていました」

私たちは笑いあった。


同世代の経営者仲間からも多くの刺激を受けた。同業のソフトウェア企業からの開発案件の受注は拡大していたが、ウィードゥは相変わらず下請け仕事が多かった。私としては、ユーザー企業から直接受注できる元請け企業になることを目指していた。ウィードゥの社員がつくったシステムをユーザーが使って喜んでいる顔を見られ、やりがいをもっと感じられるようにしたい。

1991年冬、さまざまな企業の経営者と接点を持つべく、地元の燕青年会議所に入会した。学生時代の同級生もいるので、営業ができそうだ、という下心もあったが、何より経営者として成長したいという想いが強かった。

経営者が学んで成長しなければ会社も発展できないと考え、青年会議所の若手起業家や、2代目・3代目として活躍している若手経営者に学ぼうという理由で入会を決めた。彼らとの活動を通じて、経営のイロハを身につけていこうと考えたのである。

青年会議所は私の予想以上に学びの多い場だった。燕青年会議所のみならず、新潟県内各地の若手経営者とも交流できた。青年会議所を卒業した後も新潟県を活性化する団体に入会させてもらい、多くの素敵な人たちと出会い、人脈形成や私の人格をつくることに大いに役立った。


青年会議所ではメンバーの多くが委員会活動を活発に行い、人前でスピーチをすることに長けていた。かたや私は、なるべく目立たないよう隅の方にいたいタイプだったし、これまでの人生、大勢の前でリーダー役をしたり、スピーチしたりする機会を極力避けてきた。しかし、活動の中で職種や年齢、性別、性格や思考が異なる人と事業を行い、委員会事業の企画や報告を人前で話すことも多くある。

入会してしばらくすると「このイベントについて平山さん、皆さんの前でお話ししてみてよ」と役を割り当てられたりする。断ることもできず、発表に臨んでみると、これが全く思ったように喋れないのである。ステージに上がり、マイクの前に立つと50人ほどの会員の顔が一斉に私を見てくる。緊張のため一瞬にして顔が真っ赤になってしまい、頭の中で準備していた言葉がスムーズに出てこない。自分でも何を話しているのかわからないまま、全身から汗が吹き出すのを感じていた。同世代の仲間たちはみなスマートに話ができるのに、自分はこれほど人前に出るのが苦手だったとは……。

高校時代に抱いていたのと同じ劣等感が頭の中で大きく膨れ出した。「やっぱり他の人と比べ私は能力が無いのかなあ」と考え始めた。そこから1年ほどは、例会には参加しないスリープ会員になってしまった。仕事が忙しいという理由で欠席を続けていたが、先輩からは執拗に「次いつ参加するんだ?」と誘いが来る。会社にまで、「平山、どうしたんだ」と訪ねてくる。仕方なく次回の例会に出席しますと返事したため、嫌々ながら参加したことが、私の転機になった。

ほぼ一年ぶりに青年会議所の例会に参加し、その後、燕市民祭の担当委員会に配属させられた。燕には、春と秋に神社の祭礼があるが、7月中旬は燕市民が参加する祭りが開催される。商工会議所や行政、産業界、自治会で構成された夏祭り実行委員会が企画しており、様々なイベントがある。中でも、市内の幼稚園、小中学校のパレードや民謡流しは多くの市民が燕の街中に集まるものだった。

しかし、毎年継続するなかにも課題がある。そこで「燕市民は祭りをどのように考えているか」参加者を対象としたアンケートを取ろうということになった。祭りの一つのイベントとして、大抽選会を行い、抽選チケットの裏側のアンケートに記入してから抽選箱に入れてもらうようにした。私に割り当てられた役割は、アンケートの回答分析だった。二千数百人からアンケートの回答があり、年齢、性別などの基本情報から、参加した行事の感想、祭りへの要望が様々記載されている。それをパソコンの表計算ソフトを活用してまとめ上げ、分析した内容をグラフ等で見せ、20ページほどの小冊子を作製して、青年会議所のお偉方（といっても30歳代なので、青年会議所の外に行くと、未熟者と云われるのだが）に提出した。

すると、先輩の皆さんが小冊子を見て「いい出来だ」と喜び、私を褒めてくれるのだった。少しは認められたかなあと思い、うれしかった。そのアンケート結果を青年会議所メンバーの前で発表する機会もあったが、ところどころ詰まりながらも1年前よりはスムーズに話すことができた。劣等感が薄れ、少しだけ自信が芽生えてくる。もしかすると、若手経営者の平均くらいできるのではないかと思うようになってきた。

その後も青年会議所の活動の中で人前に立つ経験を重ねて、少しずつ人前で話すことに慣れてきた。今ではセミナー講師やパネルディスカッションで話ができるようになったが、やはり人前で喋ることは緊張するし、得意ではない。人前に出るのが苦手という課題を見つけられたのも、話す訓練の機会で少しは話すことができるようになったのも、青年会議所に入ったおかげだ。

人生を振り返ると、あの人にあの場面で会わなかったら、今の自分はどうなっていただろうと思うことがいくつもある。その時に、億劫がって引きこもっていたら、開ける人生は無かったと思うとぞっとする。捨てる、縁を切ることはいつでもできる。しかし、自分の人生をつくっていく縁のある人に会うためには、お誘いや他人からの紹介を断らずに会ってみるものだなあと思った。人脈をつくっていくことも能力だ。

「人前で話すのが苦手だから」という理由でプログラマーやエンジニアの職を選ぶ人は割といるようだ。ウィードゥにもそんなメンバーは多かった。プログラム作りは黙々と頭の中で考える時間が長く、人前で話す機会は非常に少ない。職業病とは言わないけれど、私と同じように人前で喋れない人になってしまっては申し訳ない。そこで、ウィードゥでは、朝礼で社員の3分間スピーチを始めることにした。毎日一人が全社員の前で3分間、自分の経験や考えていることを話すというものだ。社員の多くは「なぜそんなことをするんですか。それをやってプログラム技術が向上するんでしょうか」と抵抗を示した。文句を言われながらもスタートした3分間スピーチだったが、初期の頃は本当にひどかった。『朝起きて、ご飯を食べて、夜寝た』ぐらいの話しかしてくれない社員もいた。それでも根気強く3年ほど続けた。

はじめは抵抗を示した一人の若いエンジニアから、後にこんなことを言われた。

「朝礼スピーチは正直嫌でしたが、仲間の前で喋っていたら少しずつ慣れてきて、自分でも人前で話すことができるんだな、という自信に繋がりました。感謝しています」

これは嬉しかった。そして彼に限らず、気づけば多くの社員が人前でしっかりと話ができるようになっていた。

多くの人は初めてやることに抵抗する、拒否する、苦手なんだと考えてしまう。最初からうまくできる人はいない。はじめはできなくても、やり続けて改善していくとできるようになってくる。それが成長だ。自分のできることが増えてくると自信も増えて、多くの人と出会うこともいとわなくなり、さらに自分の能力を開拓したいと思うようになってくる。成長意欲のあふれる若者を多く育てたい。その結果、ウィードゥ独自の事業ができるようになっていくだろうと考えていた。

想いの実現

青年会議所の先輩たちから学べたことは山ほどあったが、特に私の頭を変えることにつながったのが、ありたい姿、理想を目指して「前例のないことをやり遂げる」ということである。

ある年の市長選挙は、現職の助役と市議会議長との一騎打ちで、市を二分するような熱戦が繰り広げられていた。支援者たちは選挙が実施される一年以上前から水面下で動き出し、食事会の勧誘やビール券のばらまきなどが行なわれていたらしい。『らしい』というのは、多くの知人がそんな話をしていたが、私のところには全く食事会の誘いもビール券も回ってこなかったからである。選挙の数ヶ月前から青年会議所の何人かの間で、そんな街の動きを悲観する声が上がっていた。

支持者たちは有権者を飲み会へ参加させたり、ビール券を渡したりして投票をお願いしてまわっている。しかし大切な地元の街つくりのリーダーを決める市長選挙がこのままでいいのだろうか、とみんなが嘆き、憤っていた。

「本来は、人間性や市政への考え方を知った上で投票すべきだよな」

「俺、どっちの候補者に投票するか、正直決めてない」

「人柄がよくわからないし、街づくりに対する考えも分からねえしな」
「このままだと、知り合いに頼まれたからっていう理由で投票する人ばかりになりそう」
「市民の多くが頼まれたから投票するってまずいよな……」

ただし悲観して終わらないのが青年会議所の仲間だった。話は展開する。

「俺たちで何とかできないかね？」
「アメリカの大統領選みたいに、公開討論で候補者の考えを知れたら面白いかも！」
「いいね、それ！企画してみよう！」

こうして青年会議所の有志十数名は、毎晩8時に集まり、市長選挙公開討論の実現へ向けて準備を進めた。

それから3週間後、練りに練った企画書を携え、私は先輩と一緒に県庁の選挙管理委員会へ赴き、公開討論企画について担当者に説明をした。企画内容についてひと通り話を聞いた担当者の返答は淡々としていた。

「これは、無理ですよ」

よいアイディアだと思い、日々打合せしていた私達にとってはショックな一言だった。

「なぜですか？」

「まず、公示前に開催したい、とのことですが、この2名以外にも立候補する方が現れる可能性がありますよね。公示前に特定の候補者だけが目立つような機会を設けるのは不公平だと思いませんか？」

「はあ、確かに……」

「そのため、実施するとしたら公示後でしょうが、選挙当日まで7日間しかありません。公示後は候補者の選挙運動も本格化しますから、公開討論に出る余裕もないと思いますよ。アメリカの大統領選のような討論会は、日本の公職選挙法の下では無理ですよ」

「なるほど……」

「もし、公示前にやろうとすれば、公職選挙法に引っかかり、候補者の方も主催するあなた方も法律に触れることになってしまいます。やめておいたほうがいい」

ここまでの話で私はすっかり納得してしまっていた。さすがに法律に反するようなことはしたくない。きっと過去にも私達と似た考えで公開討論の実施を計画した人は日本全国のどこかにいたはず。まだどこの自治体でも実現したことがないのは、こういう理由からだったのだろう。県庁からの帰りの車内で、私はハンドルを握りながらすっかり肩を落としていた。思い立ったままの勢いで企画を進めてきたが、このまま幻に終わってしまうのだろうか。公職選挙法についてもっと勉強しておくべきだったのかもしれないな…と。

助手席の先輩も、行きの車内ではあんなに元気だったのに、帰りの車内は口数が少なく考え込んでしまっている。と、そのように見えたのだが、違っていた。

「平山くん、選挙管理委員会の人の話、聞いてたよね」

「今回は難しそうですね」

「いや、やるよ！」

「えっ？」
私は驚いてハンドル操作を誤り、危うくガードレールにぶつかるところだった。
「要は、公職選挙法に触れなきゃいいんだ！　法に触れない形で開催すればいいのさ！」

今まで、前例がない、人ができないやれないという入り口で、行動を起こす前に諦めていたのかもしれない。本当にやりたい情熱があれば、道は開けるのだろうか。多くの同志が協力しあえば達成できるのだろうか。

その夜、いつものメンバーが青年会議所に集まった。私と先輩は選挙管理委員会から言われた「公開討論が不可能な理由」について説明し、どうすれば不可能と思えることを可能にできるか、最善策を練っていった。最終的に、公職選挙法に触れるトラブルが一切発生しないよう、運営を徹底することで、実現に向けて動き出した。

公開討論会当日まで、会場の手配や告知方法、当日の段取りなどさまざまな準備が進められる中で、私には両候補者への討論会登壇依頼という役割を任された。候補者と私はもちろん面識がない。現職の助役と市議会議長だから「地元のすごく偉い人」というイメージしかない。30歳そこそこでどこの馬の骨かわからない私のような若者が突然お願いをしに行っても、追い返されるのではないかと想像すると、会うのが怖かった。しかし、この2人から承諾がいただけなければ、毎日夜遅くまで話し合い、役割を決めて準備をしてきた仲間たちの努力が水の泡になる。私は追い返される覚悟で、同じ年の青年会議所メンバーとそれぞれの自宅を訪問した。

「地元の街づくりを市民とともに考えるため、ぜひ講師として登壇いただきたいんです」

当初は私のことを疑わしい目で見ていたようだが、2度3度と訪問を重ねた結果、両者からご登壇の意思をいただき、無事日程を調整することができた。

会場は、地元の文化会館・大ホールを確保できた。席数は680席。そこに市民が大勢つめかけ、両候補者の討論に耳を傾ける様子を想像すると心が踊った。出演者の承諾と会場の確保が済み、あとは細部の調整だけ、というタイミングで、再び私と先輩は県庁の選挙管理委員会へ出向き、開催する旨を説明した。担当者は、私達が「討論会をやります」と言った瞬間、突然椅子から飛び上がって顔を真っ赤にして怒鳴り散らした。

「お前ら、俺が言ったことがわからねえんか!!」

人は本当に怒りが爆発すると、座ったまま宙に浮くことができるんだな、と見えた。

「いいか！　私服の警察官を会場に潜り込ませてやる。もし、候補者が一言でも〝市長になったら〟とか、〝そのためには私に投票を〟と言ってみろ！　もしくは会場からちょっとでもヤジが飛んでみろ！お前たち関係者みんなブタ箱行きだぞ！」

そうだ、これは逮捕者が出るかもしれない危険なイベントなのだ。私と先輩が選挙管理委員会で怒鳴られた日の夜、青年会議所のメンバーで、この討論会を失敗に終わらせないための話し合いをおこなった。候補者には「私が市長になったら」のような危ない発言をさせないよう説明を行い、細心の注意を払うことにした。また、選挙のための討論会ではなく、燕市の未来をどう創るかをみんなで考えるイベントであることを参加者に再周知し、ヤジを飛ばすなどの行為を禁止すること、もしルールを守れない人が出てきた場合は即座に公開討論会を中止することなどを取り決めた。

いよいよ討論会当日になった。私は会場に向かう前、実家に立ち寄って、父親に声をかけた。

「今日の公開討論会は私服警察官が見張っているらしい。こんな危険なイベントでも、燕の街づくりに必要だと思って、仲間たちと一生懸命準備してきたんだ。だから、もし俺が捕まっても親父は誇りに思ってくれよな」

「お、おう…」

父の返事は短かったが、その表情から「なぜお前が捕まる可能性があるんだ？」と困惑しているのがわかった。恐らく冗談だと思っていただろうが、それでいい。

開場時間の30分前、文化会館前には１００人近い長蛇の列ができていた。そのため、開場予定時刻を早めて入場してもらうことにした。開演10分前には既にホールの客席は満席、立ち見客が出ており、入場制限をかけなければいけないほど多くの市民が集っていた。

開演予定時刻になり、いよいよ公開討論会が始まった。青年会議所メンバーが司会進行を務め、燕市の問題や課題について候補者の2人に質問を投げかけ、それぞれから回答をいただく形式だ。普段の人柄がうかがえるような質問から、地元の産業、社会福祉、教育問題、農業の未来、道路交通についてなど、全部で8つのお題を用意した。候補者は一つ一つの質問に丁寧にわかりやすく答えていく。事前に我々が「選挙についての言及は一切しないでください」と何度も伝えていたことを意識してか、市政のあり方を訴えるというよりは、物腰の柔らかい話し方での討論となった。客席からヤジが飛ぶようなことも一切なく、終始和やかな雰囲気の中、討論会は幕を下ろした。最後に、市長選の候補者である講師に花束を贈呈し、2人の講師がステージ上で握手をする場面では、聴講していた会場から大きな拍手が起きた。それは2人の候補者に送られたものであったが、企画運営した燕青年会議所の私たちにもいただいているように感じた。

飲み会やビール券で投票先を決めるなんてこと、市民だって本当はしたくなかったはずだ。今回の公開討論会にこれほど多くの人達が集まってくれたことで、「市長選挙を真剣に考えている人がたくさんいる」とわかったことも、私たちは嬉しかった。

運営していた青年会議所メンバーの一人から終了後に聞いた話である。会場で候補者の話をずっとメモしている気になる人がいた。その人が会場から立ち去るときに、青年会議所メンバーに「ギリギリ、セーフだったな」と声をかけたという。警察か選挙管理委員会の人だったのだろうか。

結果的に、私達が実現させたこの公開討論は、「日本で初めておこなわれた選挙候補者の公開討論」となった。3年後に、全国の青年会議所会員のリーダーが集まる会場で、私はこの公開討論会についてスピーチをする機会に恵まれた。この公開討論は日本青年会議所の雑誌にも掲載され、日本全国の20以上の青年会議所からどのように開催したのか、方法を指導してほしいと依頼が来た。

当時の日本にとっては大変画期的な取り組みだったと思うが、令和の今、日本全国どこでも開催されるようになったようだ。私たちが前例のない新たなスタンダードを作った、と少し自慢したいような気持ちであった。

念願

ウィードゥ設立からしばらくは独自で企画開発したソフトウェアを世に出すことはできなかった。アイディアはあったが商品化するまで時間を要した。また、新潟県内の中小ユーザー企業から直接、システム開発の受注があったものの小規模の案件であった。大企業からの業務開発案件は受注にほど遠く、同業他社からの受託開発業に甘んじていた。それも東京に出張に行かなければならない。社員の皆さんに申し訳なかった。特に、小さい子供がいる社員を東京出張に行かせるのは辛かった。

私自身も三女の葉子が生まれ、乳幼児期から幼稚園、小学校に通う十数年は毎週のように東京に出張だった。葉子は「小さい頃のお父さんの記憶がない」と言っていたが、良い父親ではなかった。

東京の渋谷で開発案件があり、それを受けようということになった。プログラミング製造から結合テストまでの工程の依頼だが、規模と納期を考えるとエンジニアが8人は必要だ。ビジネスホテルを予約しようとしたが全員が毎日宿泊するのが困難ということで、近くにある6畳一室のアパートを借りて寝泊まりしたことがある。6畳で8人では寝る場所がないと思うだろうが、押入れの空間が上下2段あり、そこに入って寝た。25年以上前の話であり、今では信じられないことだ。早く大企業のユーザーと直接取引し、スケジュールや開発工程を管理しながら調整でき、開発場所もウィードゥの自社オフィスでできるよう事業に育てたい、また市場ニーズのある他社と差別化できるソフトウェアを企画、製造し販売したい、というのが当面の目標だった。

当時のウィードゥは若いシステムエンジニア、プログラマーが多く、ビジネス能力は低かった。資金繰りもちょっと問題プロジェクトがあると苦しくなる状況で余裕をもって新しいことをやろうというような雰囲気ではなかった。しかし、創業メンバーを中心に様々なアイディアを考えてはカタチにしようと試行錯誤が続いていた。

そして、ついにみんなの願いが実となった。ウィードゥをIT業界で一躍有名にしたソフトウェア「AllMonitor（オールモニター）」だ。パソコンの中の様々な動作のログを取得し、目的用途に合わせて、そのログを編集し、表現するというソフトウェアである。はじめにこのソフトウェアを提案した佐藤敦之は、新聞記事がきっかけでこのソフトウェアの有効性を思いついたらしい。佐藤はウィードゥ創業メンバーである。ABCから私が離れた時、自宅で「一緒に仕事をしましょう」と声をかけてきた一人だ。そして、ウィードゥが成長していく過程で頼りにしていた若者であった。彼は長岡高専を中退していたが、縁あってABCの時から仲間として加わっていた。情報収集能力があり、機転が利いてリーダーシップもあった。すぐに能力を発揮した。社会には、頭は良いが学校を中退したり、能力を発揮できずにくすぶったりしている若者が多い。若いときは経験も少なく自信がないからだ。いろいろなことを経験させることで自分の得意なところが見つかり、能力を発揮、成長する若者を何人か見てきたが、佐藤は中でも際立っていた。

さて、佐藤からの提案はこんな内容だった。

「中学生の子供がいる人の投書だったんですけど、その子が自室にこもってパソコンばかりしているらしいんですよね。親としては、危険なサイトにアクセスしたりしていないか心配だとか。確かに、子どもがパソコンで何を見ているか確認できたら、親御さんも心配になるじゃないですか」

私はあまり共感できなかった。

「うーん…。そんな、親が中学生の日記を覗き見するようなことをするのは、子ども本人があまりに気の毒じゃないか。私はそのようなソフトは作りたくないなあ」

すると翌週、また、佐藤から別の提案があった。

「中学生の子が何を見ているのかではなくて、パソコンを使って仕事をする人向けに作るのはどうでしょうか。例えば、職場でパソコンを使って仕事をしているふりをして、株の取引をしていたりゲームをしていたり、そういう輩にちゃんと仕事をしてもらうためのソフトなら、需要もあると思うんです。特に東京の大きなシステム開発の現場になると、多くの会社からエンジニアが派遣されてシステム開発に参加しているので、人の管理が行き届いてませんよね。もちろん大多数は真面目に仕事をしていますが、中にはパソコンで仕事以外のことをしている人や、現場に行ってないのに、あたかも出勤したかのように振る舞うような人もいると聞きます」

それならば社会のためにもなると思い、私はやってみようかと着手するよう指示した。パソコンの中にどんなソフトウェアが存在するか、静的に監視できる機能を持つソフトウェアは以前から存在していた。しかし、メールを受発信する、ウェブサイトを閲覧する、印刷する、データを覗いたり、更新したりするなど、動的なログを取得できるシステムはそれまで日本の市場には存在していなかったように思う。

２００１年の夏、このソフトウェアは「AllMonitor（オールモニター）」という名前で販売を開始した。「パソコンの動きをすべて見ていますよ」という意で命名した。しかし、販売開始をしてみると商談はいくつかあったが受注までは至らなかった。

ソフトウェアに限らず、製品をつくるまではできるが販売することが難しいとよく云われる。ウィードゥのマーケティング能力と提案能力の不足が大きな要因と考えられた。本当にニーズがあるのだろうか…。佐藤と私はいろいろな団体のセミナーで講演したり、購入の可能性がありそうな企業を訪問したりして、発信を続けた。しかし、ビジネスとしては成果を創ることができない月日が続いた。

オールモニターのリリースから半年くらい経って、F社から「このソフトをいくつかの大学に使えないだろうか」という申し出が舞い込んできた。

「ソフトウェアの使用状況を把握するのに、オールモニターを提案したいと考えています。例えば、大学でゼミ生40名のパソコンに同じソフトを導入するんですが、40名分のライセンスを購入しても、全員がそのソフトを使うとは限らないんです。使った分のライセンスだけを継続購入できる仕組みが作れれば、大学側のコスト削減に繋げられると考えています。」

なるほど、そういう活用方法もあるなと感心し、佐藤がF社からの相談に応えられるよう、その対応を進めた。F社は首都圏のいくつかの大学にオールモニターを提案、販売してくださり、オールモニターの存在も少しずつ認知されるようになっていった。

この後、オールモニターへの問い合わせは突如殺到することとなる。それもウィードゥが意図していたニーズではない要因だった。いきなりの問合せ増加に、ウィードゥの営業体制ではコントロールができないほどの商談が舞い込んできたのだった。というのも、当時はインターネットでの「個人情報漏洩」が大きな社会問題となっていた。大手通信販売事業者の社員が顧客情報の入ったCD－Rを持ち出し、外部に顧客情報50万件を流出させた事件を皮切りに、企業や官公庁での情報流出、不正アクセス問題が相次いで発覚した時期でもある。

組織の情報流出には、外部からハッカーが侵入して情報を盗むケースと、社内の人間が個人情報を持ち出して流出させるケースがある。この2つのパソコン内部の動作を監視することによって、情報持ち出しや管理情報への不正アクセスを思い止まらせる可能性が高い。社会問題の動きが追い風となり、オールモニターに関する問い合わせは瞬く間に増加。約1年間で100社以上の企業から販売代理店契約を結びたいとの依頼があった。しかし、ウィードゥのマーケティング能力や代理店施策は貧弱であった。

ある朝、まだ誰も出社していない中、私が東京オフィスに居ると、F社の金融事業部から電話で問い合わせが入った。朝8時頃だった。

「オールモニターを、大手の損保会社に提案したいので、本日中に見積もりをもらうことは可能でしょうか。クライアント数は約4万です」

これまでで一番大きな受注になることは間違いない。私は「もちろん、本日中にはお出しできます」と快く返事をした。

「ちなみに、競合でI社とH社も提案してきているようなんですが、2社はオールモニターの代理店にはなってませんよね？」

「はい、その2社は代理店にはなっていません」

F社以外、日本を代表するコンピュータメーカー大手企業で販売代理店に名を連ねている記憶はなかったため、そのように答えた。しかし、9時近くなると営業スタッフも出社してきたので、その旨伝えると

「一次代理店S社の二次代理店としてI社が入ってますよ」

「H社の関連会社で代理店になっているところがありますね」

との返答があり、私は真っ青になってしまった。ウィードゥのソフトウェア製品を、日本を代表する大手総合IT企業3社が担いで提案することとなった。F社以外が入札したらどうしよう…。喜びと不安が大きく交差する。

結果的にその案件はF社が落札したことで事なきを得たが、あのまま他の2社どちらかが落札していたら、これまで築いてきたF社との関係にヒビが入っていたかもしれないと思うとつくづく運がいいなあと思った。

運が良かったというエピソードがもう一つ。某カード会社でオールモニターの導入を検討してもらっているとき、「ウィードゥは地方（新潟）にある中小ソフトウェア企業だが、大丈夫なのか?」ということになったらしい。そして、カード会社の部長さんが、新潟市にあるウィードゥを訪問し、会社や経営者、責任者を見てこようと来社されたのである。ミーティングで企業説明や導入に関する打ち合わせを行った後に、せっかく新潟に来てもらったので、接待くらいして新潟の良さを感じてもらいたいと岩室温泉の行きつけの店にお連れした。この店の若女将は青年会議所の後輩であり、時々宴会や接待に使わせてもらっていた。

宴会が始まり、コンパニオンが和服を着て、懇談に加わった。だいぶお酒が入り、上機嫌になったカード会社の部長さんがコンパニオンの女性に向かって「お名前はなんていうのですか？」と尋ねた。

「●●●といいます」

美味しい日本酒を飲みながら、これまでゆったりしていた部長さんが、いきなり私に鋭い眼光を投げかけた。

「平山さん、ここまでやってくれるのですか！」

私は一瞬、何のことかわからなかった。どうやら、某カード会社とコンパニオンさんのお名前は関係があったようだ。これで、契約は進み、オールモニターの導入が決まった。

「自分は運がいいという人を選びなさい」と言っていたのは、松下幸之助さん（パナソニック創業者）だ。松下政経塾の塾生採用時に、どんなに能力が高くても、面接の質問一つで、入学の合否を決めたというではないか。

その質問というのは「あなたは運がよいですか？」。松下幸之助さんが、どのような理由で、運が悪いと考えている人を不合格にしたのか、詳しいことは解らないが、私もあやかってウィードゥの採用面接で、「自分は運が良い」と答えた人を採用することにした。

会社を存続させることは非常に難しい。「設立10年も経つと10数%しか残っていない」という統計情報もあるくらいだ。会社を倒産させた人（うまく継続できなかった人）の多くが「私は運が悪かった」と漏らすことが多いのに対して、逆に会社を大きくできた人（継続できた人）は「私は運が良かった」と答えることが多いらしい。前者も後者も「運」という言葉を使っているが、運とは一体なんだろうか。運に対する考え方が行動や他人との付き合い方に現れ、それがビジネスに影響していると私は思う。「自分のことを運が悪いと考える人」は、自分は「頑張ってやっている、うまくできなかった原因は周囲の環境や他人にある」と考えがちだ。すると、自分の成長意欲や、もっと頑張ろうという気持ちは少なくなる。他人への感謝も薄い人になるだろう。この思考では、ビジネス（＝人と人との価値の交換）の成立は難しいし、継続もできない。

「自分のことを運が良いと考える人」は、できなかった原因は自分の力不足だと考える傾向にある。人生は自らの手で切り開くものだと思っているから、自然と努力し、学習し、反省し、成長する。周囲の環境や他人に対しては感謝の気持ちを持っている人が多い。そして、目の前に起きうる事象を自分にとってプラスに解釈し、物事を前進させる。ピンチを悲観的に捉えず「自分を変えるチャンス」と考える。こういう人の元には磁石のように同じ考え方を持つ人が吸い寄せられていき、事業が成立していくのではないだろうか。

もう一つ、「ご縁を大切に」ということを言う先輩経営者もいる。確かに、人生も経営も趣味や道楽に至るまで、人とのご縁でうまくいくか、つまらないものになるか決まるようだ。人は一人では生きていけない。どんな人と交わりたいかと考えたら先人がいうようにご縁を大切にすることが成功の要諦になるのではないか。

断念

オールモニターはウィードゥの開発したソフトウェアの中でも大ヒットとなり、ウィードゥがＩＴ業界に注目されるきっかけにもなった。この頃は多くのＩＴ企業経営者と会う機会に恵まれ情報交換を通して学ばせてもらった。

ある日東京にて、私は新興市場に上場した社長と話をする機会があった。翌日には東証二部上場企業の役員と会食して、さらにその翌日には東証一部上場企業の社長との打ち合わせが続いた。３日連続で上場企業の経営者と話をする中で、３人ともＩＰＯ(Initial Public Offering の略。証券取引所に株式を上場すること）のメリットを私に語ってくれた。ウィードゥはマーケティングや代理店施策の企画において能力が不足していると日頃考えていたのだが、上場することでそれらの補強ができるのではないかと考え始めた。

上場すればさまざまな形で資金調達が可能になり、今よりも事業の幅を広げることができる。それにもう一つ、ウィードゥが上場することで、新潟県を「国内有数のＩＴ先進地域」として全国に打ち出せるのではないかという希望も見えていた。地方の中小ＩＴ企業は独自ソフトウェアをつくって販売する基盤がどうしても弱い。経営を継続するためには、大手同業他社への技術者派遣や下請け開発の会社として振る舞うことが求められていた。

もし、ウィードゥが上場し、資金力を強化できれば、県内IT企業への投資や連携が可能になり、新潟のIT業界を盛り上げる一助となるかもしれない。さらに、ウィードゥのような上場IT企業が県内に5社、10社と増え、独自のサービスを提供できれば、「新潟はITを創造発信できる県」として、全国に注目されることになる。

当時のIT業界は、社長や役員個人が自社の株を持ち、その株式を売却した際に個人の資産にする、つまり『上場する＝個人の資産を増やす』という見方も多かった。しかし、ウィードゥ上場の目的は、私個人の資産や自社のみの利益向上ではない。「新潟県のIT業界が事業を創造・発信できるようになれば、県内他業種や地域全体の活性化につながる」と考えてのことだった。県内企業が良いソフトウェアをお客様に提供すれば、新潟のIT企業の評判が上がり会社の知名度もアップする。そうすれば、ITエンジニアを志す優秀な学生が新潟に集まりやすくなる。優秀な人材が獲得できれば、さらに良いソフトウェアが開発でき、サービスの質も売上高も伸びていくだろう。とにかく一度、好循環を起こさなければ、新潟県に明るい未来は見えてこない。

こうしてウィードゥは、ヘラクレス（かつて大阪証券取引所が開設していた新興企業向け市場、現在は旧ジャスダックとNEOと市場統合し新JASDAQとなる）への新規株式公開、ＩＰＯを目指して動き始めた。
ＩＰＯにあたっては2年間業績を計画通り達成できるか、が重要である。2年分の事業計画を作成し、監査法人や主幹事証券会社の了解を得て、目標の業績を達成しなければならない。開始一年半は、何とか計画に沿って実績を作ることができていた。しかし、あと半年というところで雲行きが怪しくなりだした。何とか持ちこたえようと毎月目標数字を達成することに必死だった。そして、あと3ヶ月予定通りにいけばという時に、売上が伸びず、目標未達となってしまった。ウィードゥの今期のＩＰＯは断念、いつになるか未定の延期となってしまった。売上の伸び悩みの表面的な原因は様々あるが、根源をたどれば私の指導力不足だ。人材育成にもっと力を入れておくべきだった。

さて、ＩＰＯ断念の最大の原因は自社の実力不足だが、同時期、株式公開のための支援をしていただいた主幹事証券会社と監査法人にも、不可解な出来事や不祥事が起きていた。ウィードゥが主幹事証券会社としてお願いした某証券会社では、当時の役員が不審な死を遂げている。警察は自殺と判断したが、遺体には数カ所の刺し傷があり、当時のワイドショーでも「自殺ではなく他殺の可能性」が連日報道されていた。私も役員の彼とは面識があり、何度か食事をした仲である。ＩＰＯへ向けた準備を相談した時には「任せてください！」と明るく答えてくれたのが印象的だった。彼の死は残念でならない。
また、監査業務を依頼していた監査法人では、有名企業の粉飾決算への関与が相次いで発覚した。こちらも連日、テレビのニュースで報道された。今まで支援いただいたウィードゥの担当者はどうなっているのだろう。メールをしても返信がない、電話をしてみてよいものかどうかわからない。数日後、監査法人の担当者から連絡があった。「ご心配、ご迷惑をおかけしてすみません。明日の午後、御社に訪問したい」と伝えられ、翌日、担当者が来社した。元気がなかった。

「今後の取引ができなくなってしまいました」

会議室に入って、椅子に座る前に、謝罪を受けた。国税庁の調査員が担当者の居るオフィスにどんどん入ってきて、書庫や机の引き出しにある資料を全てダンボールに詰めて搬出していったと話が続いた。ドラマさながらの様子を生々しく教えてくれた。「自分たちもこれからどうなるかわからない状況です」と彼は不安を露わにした。「そうですか…。自分のやるべきことをやっていけば、必ず、良くなる日が来るよ。健康だけは気をつけてください」としか言いようがなかった。その後、監査法人は金融庁から監査業務停止処分を命じられたのち、あっという間に破綻・解散してしまった。

ウィードゥの業績が成長軌道に乗らなかったという現実があるが、ＩＰＯの機会がこれからあるかもしれないと少し望みを持っていた。しかし、支援者や協力者が相次いで離れる状況になった。これはどういうことなんだろうか？　幾晩も考えていた。これは、「ＩＰＯという方法を使わずウィードゥを隆盛させよ」「新潟のＩＴを盛り上げるなら別の方法があるだろう」という目に見えないもののお告げなのだろうか。私はＩＰＯの断念を決めた。

ＩＰＯを見越して社外の何名かの方にウィードゥの株を持ってもらっていたが、ＩＰＯの話がなくなったため、その株は個人で買い戻しをおこなった。ここから十数年、自身の金銭的な余裕は無くなり、家族にも迷惑をかけた。３人の娘は、大学生活はアルバイトしながら学業やサークル活動を続けた。私も節約しながら、飲酒の回数や量を減らし、夜更かしせず、早朝に起きて物事を考えるのが習慣化した。もし、お金に余裕があり、毎晩遅くまで外で酒を飲み続けていたら、今頃大病を患っていたかもしれない。そう考えると、あのひもじい期間は私にとって必要だったのだなあと前向きに思えてくる。経営や社員について考える時間ができ、気づきを多く得た時期となった。

売上が伸び悩み、会社の状況が厳しくなってから、私や役員は自分自身が我慢すれば済む部分で経費を節約するよう努めた。出張旅費で東京や関西にいくのは新幹線でなく夜行高速バスを活用し、宿泊先もビジネスホテルより数千円安いカプセルホテルを選んだ。若いころ、深夜のオフィスで仮眠をとる際、事務いすを並べて寝た経験がここで活きている。「あのころに比べれば楽だ」とポジティブになれた。それに、夜行バスは寝ている間に自分を目的地まで連れて行ってくれるので、移動時間のロスがない。

一方、オールモニターの販売は数社のＩＴ企業の代理店に頼りっぱなしだった。ウィードゥのマーケティングノウハウの無さや代理店施策の未熟さを痛感することが多々あったが、かといって強化するのもなかなか難しかった。

「オールモニターは年度末になれば売れますから」

販売数が振るわない時期、ウィードゥの営業の口癖だ。年度末の2～3月になれば、企業が残っている予算を使い切るためにオールモニターを契約してくれるはずだと言う。「去年がそうだったから今年もそうだろう」という感覚だけで営業していた。もちろん、今ならこんなアバウトな予算管理をしている企業はかなり少ないだろうが、当時は予算使い切りのためにソフトウェアを契約してくれる会社が割とあったのだ。

私としては、戦略的にマーケティングや宣伝活動を実施し、代理店が販売できるような施策を打たなければ、オールモニターの販売数に限界がおとずれるだろうと危機感を持っていたが、営業責任者は、「何も手を打たなくても売れる」を自信たっぷりに主張するため、あまり強く反論することもできなかった。それに、ウィードゥの貧弱な経営基盤では、大手企業のように数千万円かけた大々的なプロモーションを打ち出すことは難しかった。

オールモニターのリリースから1年も経つと、大手IT企業数社が類似したソフトウェアを発売し始めた。大企業はやはり潤沢な予算で広告宣伝や代理店販売を実施する。オールモニターは機能面で他社の一歩先を進んでいると自負しているものの、多くの企業から信頼されるためのブランディングや、製品を広く知らしめるマーケティングの術を自社が持っていないばかりに、他社製品にどんどん追い越されていった。情報漏洩防止ツールの市場は拡大していたが、競合他社が強いせいでオールモニターの販売数は縮小傾向にあった。従業員数の多い企業で導入が決まれば一気に売上が増えるが、コンスタントに売れる状態では無いため、どんどん状況は悪くなっていった。融資を受けていた金融機関の支店長からは「正直、オールモニター事業みたいに波のある事業をやられていると、こちらとしても融資がしづらいんですよ。もっと安定的な経営にしてくれないと」と指摘される始末だ。後ろ盾の応援が弱まり、競合企業とのぶつかり合いも頻繁に起きる中、オールモニター事業の継続はいよいよ危うくなっていた。広報宣伝活動が必要なことはわかっている。しかしそこに大きなコストをかけても効果があるのか、社内のミーティングを何回重ねても判断ができなかった。顧客のニーズを元に新機能を追加しても、うまく販売増加には結び付けられない。オールモニター事業をここまで成長させた開発者や営業担当者にも申し訳ない状況だった。

どこか資金が豊富な企業と連携するか、それとも、ウィードゥ単独で粘りながらこのままコストをさほど掛けずに行くのか。オールモニターを我が子のように育ててきたエンジニアや営業スタッフのためにも、この事業を販売能力のある企業とアライアンスすることがベストな選択なのかもしれない。私の頭の中で、他社連携の考えが日に日に大きくなっていた。今後もオールモニター事業をウィードゥ単独で所持し続ければ、毎年数億円のビジネスにはなるだろう。しかし、それ以上の成長は見込めない。逆に競合製品に押されて、衰退していく可能性が高い。

ちょうどその頃、東京でオールモニターを販売する代理店から、「うちにオールモニター事業を買い取らせてくれないか」とオファーがあった。ランシードという代理店だ。ランシードは海外のソフトウェアを国内で拡販する事業を展開しており、オールモニターも扱っていた。正直乗り気ではなかったが、とりあえず話だけでもと思い、ランシードの社長と会うことにした。

「ウィードゥさんは売り方が下手なんですよ」

二戸と名乗るその人物は初対面からほんの数分しか経っていないタイミングで、ハッキリと言い放った。私の手元にはランシードの代表取締役であることがわかる名刺が置かれている。その通りである。自分でもウィードゥは売り方が下手なのは解ってはいたが、他人から言われるとやはりおもしろくない。

「この事業を私たちが販売したら、今の5倍の売上になるでしょう。もっとオールモニターを大きなサービスにしていけます。オールモニターを開発するエンジニアのためのオフィスも新潟市に用意できますよ」

まだ、初めて会った人に心を許せる段階ではないし、どのくらいの事業規模を考えているのか、もっとよく考えを聞かないと判断できない。そう思っている私に、その人物は続けた。

「俺はあなたと縁があるんです、平山さん、私はあなたと同じ新潟電子計算機専門学校出身です。あなたの先輩なんです」

「えっ！」

よくよく話を聞くと、二戸氏は五泉市出身、私と同じ学校を卒業した4歳上の先輩ということだった。18歳のころ、自分が嫌々ながら専門学校に行ったことが、このような「縁」につながるとは。いつしか事業譲渡の話から、専門学校時代の話題に切り替わっていった。

二戸氏が同じ学校の先輩であることに親近感を覚えた私は「信用できる人かもしれない」と思い始めていた。冷静になって振り返ると、ハッキリとした物言いの奥にはちゃんと優しさも感じることができる。この人物なら、オールモニター事業を大切にしてくれるかもしれない。不思議な「縁」に驚きを覚えながら、私は、事業譲渡に向けて前向きに動き始めた。

事業を他社に譲渡するのは言うほど簡単な話ではない。まず「デューデリジェンス」から始まる。投資を行う際に、本当にその投資対象に十分な価値があるのか、またリスクはどうなのかを詳細に調査する作業なのだが、この資料を出せとかこんな情報を開示しろとか、細かいところまでランシード側の弁護士から要求が来る。リスクを探すというより、価値を低下させるための粗探しをしているのではないかと思うような物言いもされた。企業をM＆Aするわけではないから、関係ない情報は提示しないと突っぱねたことが事業譲渡の中断を招いた。

事業譲渡が暗礁に乗りかけたと思われたとき、二戸氏から電話をもらった。

「オールモニター事業をもっと大きく拡大したい。お互いの会社にとっても、育ててきたエンジニアにとっても事業拡大はいいことだ。ぜひ、事業をやらせてほしい」

この言葉を聞いて、事業譲渡の作業を再開させることができた。また、気力が蘇ってきた。

他方で、今回の事業譲渡で最も重要なのはオールモニター事業を担ってきた社員の気持ちも考えなければならなかった。事業を譲渡する事態を招いたのは、当然、会社や経営者にも原因があるものの、やはり営業部門の企画力や提案能力にも要因がある。ただ、社員の方からすれば、せっかく頑張ってきたのにという気持ちでいっぱいだろう。事業譲渡したい私の想いを粘り強く説明し、説得を繰り返した。これからのスタッフの将来を考えても、事業を発展させられる環境が望ましい。そのことを何度も何度も説明した。

実はこの期間、眠れない日が続いていた。やっと眠っても夜中に目が覚めてしまい、考え事をしていると白々と夜が明けることが度々あった。『社員を大切にすると言いながら、外で活躍してもらう方がよいというのか？　ウィードゥ単独でできることはないのだろうか？』禅問答のように眠れぬ夜に何度も何度も反芻して考えた。残念ながら、心安らかに眠りにつける明確な答えは浮かんではこなかった…。

そして、最終判断の日が来た。2社それぞれの顧問弁護士も交えて事業譲渡するかどうかのテーブルに着いた。その条件として、事業譲渡金額が大きく関わってくる。ランシードは、当時テレビによく出てくる若手ベンチャーの旗手である企業の顧問弁護士も務めている若手の精鋭弁護士企業に交渉を依頼していた。一方ウィードゥも、東京都内にオフィスがある中堅の法律事務所に顧問弁護士を依頼していた。

当日、ウィードゥ側は私と弁護士の2名、一方のランシードは社長と役員3名、担当部門3名、弁護士3名の計8名で臨んできた。2社が両側のテーブルに向かい合って着席すると、人数の差が顕著で、ウィードゥ側が大変不利な状況に思えた。

交渉が始まった。先方の弁護士からデューデリジェンスを基にしたロジックで話が展開され、ひたすらランシードの弁護士が話し続けた。法律関係の用語と私には難しい判断の内容が飛んできて、何も口出しできない状況だった。反論したくても、反論できない空気で終盤に差し掛かっていた。提示が予想される譲渡金額も、相当少なくなるのではないか。ところどころ不満と不安を抱いていたが、ウィードゥ側の弁護士はずっと黙っている。このまま押し切られ、決着がついてしまうのではないかと思われたその時だった。

「ちょっと待ってください」

ウィードゥ側の弁護士が突然立ち上がり、ホワイトボードの前に向かうと、交渉の論点を次々書き出した。そこからは彼が場を支配していた。持論を展開し、書き出した項目ごとに一つ一つ相手側弁護士と話をつけていく。これまでのランシード側の言い分を超える展開となり、交渉が激化してきた。まるで、ドラマを見ているようだ。しかしランシード側弁護士も簡単に倒せる相手ではない。自分たちが有利になるよう落とし所をつくっている。

弁護士同士の激論の末、とうとうランシード側の弁護士が黙り込んでしまった。結局、社長間で価格交渉をさせてもらうこととなった。二戸社長から譲渡金額が提示され、ウィードゥにとっては満足できる内容だったので承諾した。こうして私は、オールモニター事業とスタッフ20名をランシード社に譲渡することを決めた。

あの場の風景は今も思い出しても鳥肌が立つ。戦い終えて会場となった建物の外に出て、やっと弁護士と2人きりになった。弁護士と顔を見合わせてお互いほほえみを交わした。弁護士とはその後いくつかの法律上の問題が発生した時に助言をいただき、その度に苦境を乗り越えることができた。この弁護士がいなかったら、ウィードゥの今は無かったかもしれない。

ウィードゥにとって事業譲渡は決して喜ばしいことではない。オールモニター事業の譲渡に伴い、20名の社員がウィードゥを離れてしまうことも、私は非常に心苦しかった。「ウィードゥに残りたい」と言ってくれた社員も数名いたが、ランシードとの交渉では全員の移籍が条件に入っている。社員の申し出を断らなければならないのは大変辛かった。

譲渡の日が近づいてきた。全社員を集めて、オールモニター事業をランシードへ事業譲渡する旨、説明会を開いたが、社員への説明時には辛くて涙を流してしまった。事業譲渡とは、いままで育ててきた子供を他人に渡すようなものだった。

あれから15年。ランシードの二戸氏とは今でも交流があり、時々情報交換をしている。ウィードゥからランシードへ移籍したメンバーの中には、現在ランシードの役員として活躍している人もいる。私が新潟のＩＴを盛り上げるために取り組んでいる活動にも協力していただいている。また、ランシードに事業譲渡したオールモニターは市場のニーズに追随した機能追加を行い、現在も多くの顧客に使われている。

ＩＴ業界を魅力的に

オールモニター事業が売れ始めた時から数年後、ウィードゥが現在も武器としているローコード開発ソフトウェア「ジェニアス」と出会うことになる。ジェニアスは、のちにウィードゥが二十年を超える長い間、開発・販売実績を持つローコード開発ツールとなるのだが、ジェニアスに出会った当時はローコード開発という市場も、超高速開発という言葉もなかった。

２００２年、東京ビッグサイトのソフトウェア展示会でのことだった。その日は私の友人が出展しており、見に来てほしいとのことだったので、情報収集に行こうと彼のブースに向かっていた。私は中学時代、地理クラブに入っていて、地図を見ながら初めての街をなんなく廻って歩くことができた。これまで何度も展示会に来ては、目的とするブースには最短距離で行くことができていたため「友人のブースはあのあたりだ」と位置も概ね把握し向かっていったのだが、どういうわけか、その時だけ違う方向に私は歩いていたようだ。「方向を間違えたか？」と立ち止まり、会場マップを確認しているときに、目の前のブースからパンフレットを一枚手渡された。手渡したその人はちょっと話をしたかったようだが、友人のブースの位置を確認できた私は速足でその方向に向かった。

見学予定のブースや面白そうな情報を提供している企業を廻って、ビッグサイトを後にした。新潟へ帰る新幹線の中で、展示会で受け取った20枚ほどのパンフレットを一枚ずつ確認していた。ほとんどのパンフレットは既視感のある内容で特に目新しさは感じられなかったが、一枚だけ、妙なことが表現されていた。マップを見るために立ち止まったときに渡されたパンフレットだ。私の今までの経験と知識をフル動員しても、そこに書いてあることは、理解しがたいのである。パンフレットにはこんなことが書いてあった。

『ジェニアスなら、業務のデータ項目を入力するだけでアプリケーションやデータベースを自動生成できます』

プログラム言語はJavaやVisualBasicなど、いくつかの言語を選択するだけで自動的に変換される。データベースもOracleやMySQLなどを選ぶだけ、ということだった。

本来システム開発を構成するプログラムは、プログラマーがロジックを考えて設計し、プログラミング言語を駆使し、ロジックエラーをクリアしながら形にしていく作業が絶対に必要だ。そうしなければ、日本企業の複雑な業務システムを作ることはできないだろう。80年代以降、簡単なマスターメンテナンス（データ処理の基本情報のメンテナンス）ができるCASEツールと言われるものは存在していたが、業務システムをＡＩで推論して作るなんてことは有り得ない。人がその都度ロジックを考えて作らなければ形にならないのだ。

「こんなものがあるはずがないだろう？」

帰宅後、そのチラシをいったんはゴミ箱に捨てたのだが、やはりどうにも気になる。ゴミ箱から拾い出し、有り得ないとは思いつつも、一度このツールを自分の目で確かめてみたくなり、連絡した。翌週、東京に行く機会があったため、エンジニアの社員とともに、ジェニアスのデモを見せてもらうことになった。

ＪＲ神田駅近くにあったウィードゥ東京支社の会議室にジェニアスの大貫社長が来社した。ジェニアスについて簡単な説明を受けながら、私とエンジニアはデモ画面を見つめていた。大貫社長が伝票入力の項目を入力していく。顧客ＩＤ、顧客名、販売日、商品名、単価、数量…。すると、簡単な伝票入力や変更のプログラムができあがった。

「このくらい難易度が低いプログラムであれば今までのツールでできるじゃないか」と私は言った。「これくらいだったらうちの会社でも作れるかもしれませんね」とエンジニアも続いた。

苦笑する私たちに対して、大貫社長はニコニコと黙ったままだ。

「日本の企業の業務システムはもっと複雑に様々な業務があり、諸条件を要求してくるし、それらを可能にするためにデータモデルやロジックを考えなくてはならない。それらをこのツールで実現できるんでしょうか？」

ジェニアスの本社は南米ウルグアイにある。もしかしたら、ウルグアイと日本ではシステムに求められる条件が異なるのかもしれないが、日本企業のシステム要件は非常に複雑だし、重要性が低いと思われる細かいことまで要求してくる。今見せられたデモ画面のようなシンプルな話ではない。

「複雑な条件というと、どういった条件が必要でしょうか？」

大貫社長の顔には余裕がある。

「そうですね、たとえば販売業務でも、上得意先と一般得意先のように販売先のランクがあり、そのランクに合わせて単価が異なるとか、キャンペーンの期間だけ価格を安くすることもあるし、その安くする期間でもキャンペーン対象商品と対象外商品もある。その条件に適応できるロジックを組まなきゃいけないと思います」

これはそう簡単にはできないだろう。

「では、今おっしゃった条件を入れてみますね」

大貫社長は私が伝えた条件をジェニアスのコードで数行書いて、再度、プログラムを自動生成させて動作させてみる。すると、私が言った通りのロジックで動くではないか！私も非常に驚いたが、隣で見ていたエンジニアも、一瞬でプログラムができたことに驚き、口をポカーンと開けたまま固まっている。どういう魔法なのかと私は訝しげ、エンジニアは「今までロジックを考え作ってきたプログラムをやすやすと…」と独り言を漏らし、半分怒っているようにも見えた。

「そんな馬鹿な…」

私は、そう言葉にするのが精一杯だった。

「どうでしょうか。御社の事業に活用できそうでしょうか。ぜひご検討ください」

大貫社長はそういいながら、

「ところで、ウィードゥさんは新潟市に本社がありますが、平山さんは新潟出身なのですか?」

「はい、私自身は今は実家がある燕市に住んでいます。新潟にお知り合いがいますか?」

今度は大貫社長が驚いた。

「私の母は三条市出身なんです。おじさんの家族は今でも三条市内に住んでいます」

燕市と三条市は隣同士でどちらも金属加工業が盛んで町工場の多い地域だ。上越新幹線の「燕三条駅」、高速道路の「三条燕インターチェンジ」などがあることからもわかるように、燕市と三条市は市外の人から見ると一体化して見られているようだ。それから大貫社長とはローカルな話で盛り上がった。大貫社長の親族が三条高校に通っていた先輩だったとは奇遇だった。名刺交換した時には怪しいと感じたが、素性が見えてくると少しずつ親近感が沸いてくる。あの出会いから20年以上経つが、大貫社長との関係はジェニアスが繋いでくれている。

大貫社長にデモ操作を見せてもらった日から、私はジェニアスのことばかり考えていた。当時ウィードゥは、システム開発で大きな課題を2つ抱えていた。一つは社員の長時間労働、もう一つは上流工程ができるエンジニアが少ないということだった。特にエンジニアは常にスケジュールや納期に追われながらシステム開発を進めており、長時間労働が常態化していた。しかも大手の下請けとして開発に携わる案件が多く、無茶な納期や低い利益率に苦しめられていた。

もし、ジェニアスが本当に現場で活用できるのなら、ウィードゥに、いやＩＴ業界に革命が起こるといっても過言ではない。これまで人の手による開発では長い期間かかっていた複雑な要件も、ジェニアスなら短期間で対応できるかもしれない。もしそうなら、ＩＴ業界で当たり前になっている長時間労働や休日出勤を大幅に減らせるだろう。

試しにウィードゥ社内で使う業務システムをジェニアスで作ってみることにした。すると、業務システムがあっさり完成してしまった。

「スクラッチ開発であれば、1ヶ月以上かかると思っていたのに」
「こんなソフトウェアが存在していたなんて」
はじめはジェニアスに半信半疑だったエンジニアたちも口々に感嘆の声を上げた。

ジェニアスのようないわゆる「ローコード開発ツール」は当時、大手ＩＴ企業は手を付けていなかった。システム開発方式はスクラッチ開発が主流であり、ユーザーの基幹業務システム開発の見積は人月工数であった。当然システム開発期間、導入までの期間は長くなる。大企業の基幹業務システムの開発には数年かかるケースもある。

ローコード開発ツールを使うと詳細設計工程、製造工程の工数が減る。工数が減るとシステム開発費は安くなるが、元請けである大手ＩＴ企業にとって工数減少は売上減少とイコールでもある。ローコード開発ツールを大手企業が採用しなかったのは当然と言える。

もし、ウィードゥが他のＩＴ企業より一足先にジェニアスを駆使できれば、開発工数を半分くらいまで削減できるのではないか。結果として見積金額も安くできる。これはユーザー企業と直接商談ができる武器となるだろう。

―今まで大手の下請け業務が多かった中小企業のウィードゥだが、これからはユーザー企業と直接取引できるようになるかもしれない

私はシステム開発部門のエンジニアに「他のＩＴ企業が取り組む前にジェニアスをやろう！」と伝え、２００４年からジェニアス事業を立ち上げた。翌年２００５年には、ジェニアスジャパンと販売・開発代理店契約を締結し、ローコード開発を広める立場として活動をスタートした。

絶体絶命

ジェニアス事業開始当時のウィードゥは危機的な状況だった。オールモニター事業を譲渡し、売上は前期の60％にまで減少した。金融機関からの借入金は譲渡額で一部返済できたものの、全額返済まではもうすこしかかりそうだ。オールモニター事業が無くなった今、ジェニアスを活用したシステムインテグレータ事業を拡大していかなければならない。

私や役員は、これまで問い合わせのあった企業や面識のあった方々に、ジェニアスのメリットを説明して回った。説明をすると多くの企業経営者は興味を持ってくれたが商談になるかというと先に進まない。私と同様に、ジェニアスが本当に使えるのかと懐疑心を抱いていた。目立った導入実績がないと社内での導入判断ができないということだ。それに、私や役員は全員エンジニア出身なので、営業の勘所やノウハウがない。商談のクロージングがうまくいかないことも多々あった。営業に関するセミナーを受講したり、書籍を読んだり、営業経験のある人から短期指導を受けたりするが、思うような成果はすぐに現れない。やはり、ユーザー企業向けに提案営業の経験のある人がいないと売れないのかなという声が社内にも出てきた。

その頃、大手システムインテグレータで長年営業経験がある、ウィードゥの取引先の営業担当者だった山野さんという方から「ジェニアスを販売する手助けをしたい」と申し出があった。すでに取引先の企業を退職し、転職先を探しているという。中途採用の面接を受けてもらうことにした。

ウィードゥの中途採用では、ビジネススキルは当然ながら、社風や価値観にあうかどうかも確認して採用可否を判断している。当人との面接も何回か行ったが、彼が以前務めていた取引先企業の役員とも面識があったため訪問した。山野さんの退職理由や働き方を確認することが主だが、もう一つの目的は、山野さんが移籍することを内緒にすることなく、取引先との了解を得ることだった。

「山野はすでに退職しているので御社に入社することは問題ありません。彼は営業パーソンとして顧客との関係構築はうまいと思いますが、裏で巧みに動き回る人物ですよ」

取引先の役員がそう教えてくれた。私やウィードゥの役員が持っていない能力だと受け取り、採用することにした。営業パーソンとしての関係構築に定評のある彼なら、成果をつくってくれるだろう。

山野が入社したのは、ジェニアスの問い合わせが増えてきた時期だった。これから大手ＩＴ企業がローコード事業に参入するかもしれない。その前にウィードゥが先手を打って市場シェアを取っていこうと考え、５名体制の「ジェニアス営業チーム」を新設した。山野をリーダーとして、営業経験者を新たに採用し、５名体制のチームができあがった。

なお、営業経験者の採用活動は山野に任せていた。採用可否も彼の判断で決めてもらった。そのくらい、山野を信頼していた。実はこのことが、ウィードゥ創業以来最大のピンチを引き起こすことになるのであった。

営業チームをつくって3か月ほど経った。問い合わせは増えているものの商談になるケースはあまりない。営業チームの人件費や広報宣伝費などの損失が膨らむ日々に、彼らもあせりを感じていたのだろうか。営業メンバーは

「ウィードゥのブランド力が弱い」
「ジェニアスの機能や価格が顧客ニーズに合っていない」
「実績が少なく市場に効果的な発信ができない」

など、営業がうまくいかないことを会社や商品のせいにする言動が目立ってきた。チーム

5名は営業経験者なのに、彼らのパフォーマンスは私の期待を遥かに下回っていた。デスクワークやミーティングで社内にいる時間が長く、企業訪問やイベントでジェニアスを発信する様子が見られない。商談や販路を増やそうと、何人かの営業メンバーを業界の情報交換会に連れて行ったりもしたが、他社の人と話をせずに、ウィードゥのスタッフだけで固まる始末だった。現状に不満を漏らす割に、自分から行動を起こすことや改善しようとはしない。営業ノウハウは知っていて理屈は並べられても、それを活かせていない印象だった。

営業チームと役員とでは、週1回定例会議を開いていた。前週の活動商談状況、提案内容の検討、今週の活動予定報告を受け、役員からも情報提供や提案をすることになっていた。すでに何ヶ月も「新規顧客売上ゼロ」が続いており、定例会議の空気は回を重ねるごとに重くなっていた。私や役員が叱咤激励するも、営業メンバーは主体性を見失っていた。

そんな中、ある定例会議でのことだった。

「今月は大きく売上を伸ばせそうです」

営業チームのリーダー、山野から報告があった。

「都内のＩＴ企業のＴ社で、ジェニアスのライセンスを10本受注できそうです」

「10本？すごいじゃないか！」

普段は静かに淡々と進む定例会議だが、この日は拍手が起こった。全部で２０００万円を超える大口受注である。私も会議に出席した役員も大変喜んだのだったがプレッシャーや焦りがある中で掴んだ大口受注、誰よりも本人が一番喜んだことだろう。

Ｔ社の大口受注が決まった翌月、他の営業メンバーが担当していた顧客でも２社ほど新規の受注が決まった。営業チームに勢いが生まれ、メンバー同士の結束が強まっているかのように思えた。ようやくジェニアス事業が軌道に乗り始めたことは私も非常に嬉しかった。

Ｔ社から２０００万円の案件を受注してから２ヶ月が経った頃、私はあることが気がかりになっていた。一向にＴ社からの２０００万円が入金されないのだ。通常のフローであれば、受注から１ヶ月以内にライセンスの引き渡しをおこない、遅くとも２か月以内に、請求・入金まで完了しているはずである。Ｔ社を担当する山野に現状の説明を求めると、普段は明朗快活な態度がしどろもどろになる。

「T社に確認は取ってまして…来週中には払える…と言われています」

「先週も同じこと言ってたよな、どうなってるんだ?」

「そうですよね、すみません…来週には絶対払いますってことだったんで…」

「私が直接T社に顔を出して交渉しようか」

「あー、それはちょっと…平山社長に迷惑はかけたくないので…私がもう一回直接督促してきます」

T社以外に新規受注したジェニアス案件でも支払いが滞っていた。担当する営業メンバーに状況を確認するも、あやふやな答えしか返ってこない。

「本当に受注はしてるんだよな?」

「はい、あちらの社長さんから返事をいただいてますので」

「じゃあ、私が直接社長さんのところに確認に行こう」

「いや、平山社長に行かせるわけにはいきません、私がなんとかします」

山野のときと同じく、私が行こうとすると頑なに拒むのだった。翌週まで、本人に任せることにした。

T社も他の2社も、よほど多忙なのだろうか、それともルーズなのだろうか。こうした企業が短期間に3社も集中するのはおかしいな、と思っていた矢先、事件は起きた。

「3月末で退職したいと思っています」

年が明けた1月中旬。営業の定例会議が終わって、会議室から出ようとするタイミングで山野から声をかけられた。

「何だって?」

今まで、ジェニアス事業をリードしていた山野がいなくなることは、事業の推進力が弱まることを意味していた。

「3月末でウィードゥを退職させてください。4月からは製造業の営業職に挑戦したいと思っています」

勢いよくウィードゥに入社したが、結果が思わしくないと逃げてしまうのか。2月に入っても、何度か話し合いを重ねたが、退職の意志は固くあきらめざるを得なかった。

「そうか……ウィードゥを辞めてしまうのは残念だが仕方ない。辞める前に、T社の入金は何とか解決してくれよ。受注してから一向に話が進んでいない。必要なら私が一緒にT社へ交渉にいくよ」

「はい、それについては…何とか頑張ります」

山野はそう返事をし、一礼して、会議室を出ていった。

それから1週間後、今度は別の営業メンバーが社長室を訪ねてきた。右手には封筒を持っている。「退職願」と書かれていた。

「春から実家を継ぐことになりまして……」

「えっ、そうなのか…」

言葉が続かない。

「小さな印刷所なんですが、最近父親の体調が優れなくて、そろそろ跡継ぎに帰ってこいと言われていますので」

「そうか、仕方ないな…」

退職を引き留めたいが、今まで営業活動が活発でなかったので、無理だったのかなあと考えた。

「すみません。残りの期間、精一杯働かせていただきます」

まさか3月末で2人も営業メンバーが退職してしまうとは驚いたが、それぞれの生き方に私が口出しできる筋合いはない。営業チームの人員を増やさなければいけないのか、営業リーダーはどうするかな、と今後への不安が脳裏をちらつく。

それからさらに数日後、今度はまた別の営業メンバーが社長室に現れた。まさか…と思ったが、そのまさかだった。彼もまた、「退職願」と書かれた封筒を差し出された。

「両親の介護で、地元に帰らなければいけなくなりまして……」

さすがに「何かがおかしいぞ」と違和感を抱き始めた。しかし目の前の退職願を突き返すわけにもいかず、3人目の彼の辞表も受け取った。

このあたりからきな臭い感じがしていたが、翌日、そしてさらに3日後には、別の営業メンバーが社長室を訪ね、退職したい旨を告げてきた。

「ウィードゥのやり方が自分には合わないので退職したい」

「この環境では自分の成長につながらないため他の会社へ転職することにした」

など、それらしい理由をつけて、彼らも3月末での退職を希望していた。

結局、山野の退職願を受け取ってから10日間で、営業メンバー5名が「3月末で退職したい」と申し出たことになる。ウィードゥの営業メンバーはこの5名で全てだというのに…。理由こそ5人それぞれちがうものの、3月末で一斉退職とは。何か企てているような気もしたが、彼らの退職を引き止めたところできっとその答えは変わらないだろう。

彼らは退職願の提出後、引継ぎ業務や商談があった企業の対応を行っていたが、3月上旬から有給休暇を取得したいとほとんど会社に来なくなった。受注したまま入金がないT社と他2社については未解決のままだった。

営業チームがもう出社しなくなったので、事務整理をしようと彼らが使っていたデスクの引き出しを開けてみることにした。5名中4名の引き出しは空っぽになっていたが、唯一、山野の引き出しだけはまだ中が片付いておらず、大量の書類が乱雑にしまわれていた。

書類の中に何かT社に関する情報があるかもしれない。一枚一枚入念に調べていくと、T社の受注伝票のコピーと一緒にクリップでまとめられた、返品伝票を発見した。

「おいおい……返品って?」

思わず独り言が漏れる。受注したはずの2000万円がそのまま返品扱いになっているではないか。山野はこれをずっと隠して、定例会議で嘘をついていたのか? 一度受注して自分の営業成績を確定させた後、返品の申し出を受けることで、T社が金額を支払わなくてもいいよう仕向けていたのだろうか。それとも、受注後に先方から返品の相談を受けて、そのことを私に相談できずにいたのだろうか。

私は事実確認をすべく、単独でT社に乗り込んだ。返品伝票に記載されたT社の住所を見ると東京都港区とある。T社に到着し、受付の人に会社名を伝える。山野が隠し持っていた返品伝票には「戸田」のネーム印があった。受付で戸田氏を呼んでもらうようお願いした。受付から少し離れた商談ブースで待っていると、年配の男性が歩いてきた。

「お世話になります。私がT社の戸田ですが……」

山野とは面識があるが、私とは初対面だ。戸田氏は恐る恐る何を言われるのか不安なようだ。私の顔の表情が尋常でないことに気が付いたのだろう。

「はじめまして。ウィードゥの平山と申します。突然の訪問ですみません」

ひとまず名刺を交換し、席につく。戸田氏の名刺には「顧問」と記載があった。

「以前、うちの山野から、ジェニアスのライセンスを受注されたと思うのですが？」

「ああ、それなら、山野さんから『すぐ返品していいから、とりあえず買ったことにしてくれ』と依頼を受けたんですよ」

戸田氏は「やっぱりそのことか…」という表情で、さらりと答えてくれた。

「山野さんとは以前からの知り合いでした。ウチに迷惑がかからないようにするってことだったんで、言われたとおり発注と返品の書類を用意しました」

「そういうことでしたか、山野からは受注したとしか報告がなく、返品伝票がつい今朝見つかったものですから、返品理由を直接うかがいたいと思いまして」

私は山野が退職することを告げた。ここで社内のいざこざを話題にしてもしょうがない。

「返品理由ですか…うーん、頼まれて買ったふりをしただけだからなあ…」

「はぁ…」

私はため息のような声を漏らしてしまった。買ったふりをしたことに悪びれる様子もなく、自分は頼まれたからそうしただけ、という態度を貫いていた。

「ジェニアスのご購入を再度検討してもらえませんか」

戸田氏からは、返事もしてもらえなかった。

こうなると、T社以外の未入金2社についても怪しくなってくる。T社を出てから、会社の経理担当者に連絡し、残り2社の住所と担当者名を調べてもらった。このまま会社に戻るわけにはいかない。2社の実態を自分の目で確かめなければ。まず向かったのは、秋葉原にあるシステム販売業S社だ。S社に到着すると、会社エントランス横の喫煙スペースで男性がタバコを吸っていた。この方に話しかけてみると、S社の社長本人だった。

「ああ、ウィードゥさんでしたか。初めまして……」

どうやらこの社長が、当社の営業社員と直接やりとりをしていたらしく、話が早かった。

「ウィードゥの営業さんには色々相談に乗ってもらいましたが、ウチも資金繰りが厳しくってですね。システムの購入を一度は約束したんですが、泣く泣くキャンセルさせてもらいました」

「ん？　キャンセルですか？」

「はい。キャンセルでお願いして担当の方も了承いただいたんですが」

「いや……キャンセルの話は一切聞いてないですね……」

T社だけでなく、ここS社でも受注したはずの案件がキャンセル扱いになっていた。もちろん私の耳にそんな情報は一切入っていない。私が日々S社からの入金を待ち望む姿を、営業担当はどんな思いで見ていたのだろうか。

未入金の3社中2社がキャンセル扱いの取引だったが、残る1社も同じだろうか。最後に向かったのは、八丁堀駅近辺の雑居ビルにオフィスを構えるU社だ。経理担当から伝えられた住所のビルに向かうと、その会社があるはずの2階の窓に、大きく「テナント募集」の紙が貼られていた。ビル1階エレベーター横の案内版にも、他の階は企業名が書かれているが、2階部分だけは空白だった。私はその場でもう一度経理担当者に電話をかけた。

「U社が入ってるビルに来たんだが、2階がテナント募集になっているんだ。この住所で間違いないだろうか？　ビル名は間違いないか？」

「はい、契約書に書かれている住所はそのビルの2階になってますね。移転したのかも知れません、ちょっと調べてみます」

「こちらでもちょっと調べてみるよ」

そう伝えて電話を切ると、コンビニの袋を持った男性がビルの入口から入ってきた。仕事の息抜きにコンビニへ行って戻ってきたところなのだろうか。

「ちょっとお尋ねしたいんですが、2階に入っていたU社って、どこに移転したかとかご存知じゃないですか?」

「U社? 聞いたことないですね。3年くらい前までは他の企業が入ってましたけど。ここ2年ほどはテナント募集のままですよ」

「え? そうなんですか?」

U社の受注が決まったのは今年の初めだ。そんなはずはない。しかし、この男性が嘘をついているとも思えない。お礼を伝えると、男性はそそくさとエレベーターで上の階へ昇っていった。ちょうど同じタイミングで、携帯電話に経理担当者から着信が入った。

「社長、U社なんですが、タウンページにもインターネットにもこの企業の情報が出てきません」

「それと、契約書に書かれている電話番号もデタラメみたいです。その電話番号にかけてもかかりませんね」

「何だ、そりゃ……」

つまりU社は営業担当が作り上げた架空の会社で、住所も電話番号も適当な情報を契約書に記載していたということなのか。

社内でこんなことがまかり通っていたとは、社長として情けない。山野や営業担当に連絡を取ってもつながらない。今まで騙されていた、という憤りと同時に、悔しさがこみ上げてきた。彼らに主体的に働いてほしいという思いと信頼して任せていたことが仇となったのか、管理できていなかった私の責任である。

ウィードゥの営業職には目標数値はあるがノルマは設けておらず、受注金額に応じた報酬なども設定しているわけではない。3社の「嘘の受注」は、ノルマ未達を恐れて、だとか、報酬を騙し取るため、とかではなく、「定例会議の場で実績を見せようとして」の行為だったのだろう。その嘘からいよいよ逃げ切れなくなり、退職に踏み切ったと思われる。

それにしても、3社の案件に携わった3名のみならず、営業5人が全員一斉に辞めてしまうとは。オールモニターで業績がうなぎのぼりだった頃から一転し、更に新たな事業でも損失をつくってしまったか。ウィードゥの前途に暗雲が立ち込めていた。社内に営業ができるメンバーは他にいない。みな、システム開発エンジニアである。今から急いで営業を採用するにも、求人広告を出すようなお金は会社に残っていない。

これからは誰が取引先の開拓や、お客様との関係維持に努めればいいのだろうかと考えた時、「やっぱり私がやるしかない」と結論が出るまでそう時間はかからなかった。私は役員2名にも頼み込んで、しばらくは経営陣3人でジェニアスの営業活動をやっていこうとお願いした。役員らも時間に余裕があるわけではなく、開発業務のマネジメントをやっている中で、新たに営業活動をやってくれということになる。私含め3人とも生粋のエンジニア畑出身だ。これまでシステム導入や改修のお客様対応はしてきたが、営業らしい仕事はほとんど経験がなかった。ジェニアス営業チーム発足前は我々3名でジェニアスを広めようと頑張っていたが、大した成果は挙げられていない。それでも、他に営業をやれる人がいないのだから、やるしかなかった。

3月に入り、私と役員2名は既存の取引先や顧客に挨拶に回った。ジェニアスに関する新たな問い合わせへの対応やウェブやセミナーからの情報発信も、役員が中心になって動いた。役員3名が営業を兼任し、活動するようになってから、少しずつジェニアスの商談が増えてきた。

4月初旬、東京出張に来ていた私は、山手線の電車内でウィードゥを退職した前営業の斎藤を見かけた。故郷に帰ったはずではなかったのか？　思い切って近寄り声をかけた。斎藤は驚いたように私を見て、反射的に逃げようとしたが思いとどまって、じっと私の顔を見た。

「平山社長、社長にお伝えしなければいけないことがあります」

齋藤は一番若いメンバーだった。誠実な営業スタイルで顧客からの信頼は厚かった人物だ。嘘の受注をでっちあげた3人に彼は含まれていない。斎藤と新宿駅で降り、地下街の喫茶店に入った。

「社長、お久しぶりです」

突然、会ったときには気が動転していたようであるが、だいぶ落ち着いてきたらしい。斎藤は3月中旬から有給休暇取得期間に入ってそのまま退職したため、せいぜい3週間ぶりだ。とはいえ、在籍中は毎日会社で顔を合わせていたのだから、それに比べたら久しぶりといっても過言ではないのかもしれない。

「平山社長、本当に申し訳ありません。これ以上、社長に黙っているのは私にはできないので、今から正直に話します」

注文した飲み物が運ばれて早々、齋藤は話し始めた。

「実は、退職したメンバーで会社を立ち上げました」

「何だって？」

「本当に、本当に申し訳ありません。私には止めることができず、平山社長を裏切るようなやり方になってしまって…」

「一体いつから？」

「前月です。３月25日には登記を終わらせていました。すみません」

３月時点ではまだ全員ウィードゥの社員だったはずだ。水面下で動いていたとは驚いた。つまり彼らはウィードゥからもらった給与を資本金にして、会社を立ち上げていたなんて。なんとも裏切られたような気持ちで怒りがふつふつと湧いてくるが、いま目の前にいる斎藤に怒鳴ったりしてもどうにもならないのは確かだ。テーブルの下でグッと拳に力を込めて、どうにか気持ちを分散させた。

「どうしてそんなことに…」

「それが……」

斎藤はゆっくりと息を吸ってから、説明を始めた。

「新たに立ち上げた会社で、ジェニアスの販売代理店をやろうとしているんです」

「何？」

「代理店になるために、山野さんがジェニアスジャパンに連絡をとって交渉しています。しかも『ウィードゥから代理店契約を剥奪しよう』って言い出していて。その方向で来週ジェニアスジャパンと打ち合わせも予定しているようです」

ジェニアスジャパンとしてみれば、ジェニアスを販売してくれるほうに傾くだろうが、それでは今までやってきたことが水泡に帰すことになる。

絶体絶命か…。

「お世話になった平山社長にそんなことできないので、新しい会社からは身を引くことにしました。本当に申し訳ありません！」

「うーん、そうか。ずいぶん…」

返す言葉も見当たらなくなる。ジェニアスの代理店販売契約を剥奪する計画まであるとなると、私も黙っているわけにはいかない。斎藤と別れた後、私はすぐにジェニアスジャパンへ確認を取った。やはり、すでに山野から代理店契約についての問い合わせが来ていて、契約を進める方向で動き出しているところだった。ジェニアスジャパンには「新会社はウィードゥにいた人員が独立した組織であり、代理店契約を結ぶことでトラブルが発生する恐れがある」ことを伝えておいた。

その後、ジェニアスジャパンが顧問弁護士に現状を報告したところ「法的に問題になる可能性があるため、代理店契約を安易におこなわないよう」と注意を受けたそうだ。結果的に山野の新会社とジェニアスジャパンとの契約は白紙になった。その後、山野の新会社はジェニアスの販売が不可となったことに加え、メンバー同士のいざこざが絶えず、設立2ヶ月後には解散したようだ。新会社の顛末は退職した5人の営業メンバーのうちの一人、川岸からも連絡があった。川岸からは続けて「もう一度ウィードゥで働かせてください、もしくはいい会社を紹介してください。ジェニアスをやりたいんです」と懇願された。退職後の社員の幸せも応援したいところだが、この時ばかりは丁重にお断りした。

離職していった一人ひとりに言いたいことがあるが、私にも彼らを辞めさせてしまった責任はあるだろう。気が重く心が晴れない日が何日も続いた。それでも、私の会社で頑張ってもらっている社員の皆さんには感謝しかない。元々、ウィードゥは「社員を幸せにする」ことを目的としてきたのではないか。下請けではなく、ただ、給与を払うだけではなく、社員一人ひとりが自らの目標や夢に向かった、成長し、活き活き仕事をするステージがウィードゥではなかったのか。独自のソフトウェアをつくって販売する、企業が驚き喜ぶコンピュータシステムを提供するための事業を進めてきたが、自社のビジョンにきちんと向き合えていただろうか。そんな時、生え抜きの中堅社員から提案があった。

「こんな時こそ、ウィードゥの価値を全員で話し合いませんか」

「ピンチの今だからこそ、ウィードゥが持つ価値をきちんと話し合って、みんなで乗り越えましょう」

じんわりと目頭が熱くなる。ウィードゥは私一人の会社ではない、ウィードゥに残ってくれている一人ひとりがいて成り立っている会社だ。いなくなった社員と売上低迷の危機的状況に気を取られていたが、本質を見失いかけていた。原点に戻ろう。

翌日の朝礼、私は社員全員に向かって「ウィードゥが持つ価値」について改めてみんなと考えてみたい、と提案した。すると、何名かの社員が自分の考えを話してくれた。

ウィードゥならではの強み、提供できるサービス、働く人たちの意識…創業時から積み上げてきたものがきちんと浸透していた。たとえ、経験がある5人の営業がいなくなっても、ウィードゥは終わりではない。たくさんの仲間に恵まれている幸せ、一緒に働いてくれるありがたみを改めて感じることができた。

私は元々システムエンジニアで、営業は不得意だ。しかし元エンジニアだからこそ、開発者の視点に立ったジェニアスの良さを伝えることができる。表面だけでメリットを語ると押し付けがましい営業トークになりがちだ。それでは相手も身構えてしまう。しかしエンジニア目線でジェニアスの使い勝手や強みを素直にお伝えすると、相手も「もっと知りたい」「使ってみたい」と思ってくれるようだ。また、メリットだけでなくデメリットや注意点、ジェニアスではできないことまで、しっかりと伝えることが信頼につながっているようだ。

こうして我々エンジニアの営業活動は商談から受注へとつながり、軌道に乗っていった。半年後には元営業5名の目標としていた金額を上回る受注額に達することができた。これは役員3名だけの頑張りではない。社員みんなが熱く一致団結してくれたから成し得た結果だと役員は知っていた。

―ビジネススキルは必要なことであるが、情熱や意欲がない人は成果をつくれない

再生

ウィードゥ設立以来、いろいろな困難に直面してきた。目指した事業が頓挫することも経験した。それらを乗り越えてこれたのは、ウィードゥの社員が支えてくれたからだ。社長や役員だけの力ではない。

会社とは、人が育つための訓練の場なのかもしれない。働く会社を「自分の人生をつくっていく場」として、失敗を恐れず、やりたいことに挑戦していってほしいと願ってきた。

自分がウィードゥでどう成長して、どんな能力で人を喜ばせたいか、自分のキャリアをどのようにつくっていくか、会社を他人事ではなく我が事として取り組めば仕事はもっと楽しくなるはずだ。

そのためにはどうすればよいだろうか、と考え続けてきた。ウィードゥのあるべき理想の姿を社員全員で共有する、理想の姿実現に向けて前進するために社員を経営計画策定のプロセスに参加してもらうことにした。ウィードゥの経営活動を評価し、変革改善するために、社員の声を経営計画に入れ、経営活動に参加できるようにする「ウィードゥ経営アセスメント」というイベントをつくってみた。

「ウィードゥ経営アセスメント」は毎年5月17日、ウィードゥの創立記念日に開催することにした。創立記念日はABCから離れた5名がウィードゥを会社登記した日である。エンジニアの中には、自分のスキルだけ高められればよいと考えている人がいるかもしれない。「自分は目の前の仕事を頑張っている、会社のことを考えるのは時間がもったいない」と。しかし、ウィードゥのような中小企業は全員が知恵や力を集めて動くことによって、大企業を超えるエッジの効いた企業になれる可能性がある。先行きが不透明で、将来の予測が困難な時代であるからこそ、俊敏な中小企業が活躍できるはずだと考えていた。

最初はみんなが戸惑うばかりであった。

「理想に届かないでいるのは会社に責任がある」
「管理職が悪い」
「若い人はこのように考えるべき」

そんな声が飛び交ったこともある。しかし、経営アセスメントを何年か継続すると、ここができていないと声高に言う人が、率先して改善提案や変革活動をしてくれるようになった。ありがたいことである。会社は自分のもの、ウィードゥは自分が作っていくのだという人が増えてきたのだ。

一人ひとりの視点が異なるからこそ、ウィードゥは幅広い視野を持つことになり、役員から新入社員までが想いを言えるからこそ、視座の高低も共有することができる。経営アセスメントの場では、日頃あまり顔を合わせない社員同士が一緒になって、ウィードゥに足りないことや、ウィードゥの理想像、将来像を考える。これは大変新鮮であり、多くの学びを得ることができる。社員研修の意味としても効果があった。

経営アセスメントの2ヶ月後、期末でもある7月最終週の金曜日には、「経営計画発表会」を開催している。経営アセスメントで出された「ウィードゥはこうあるべきだ」という意見や、社会情勢、経済情勢、市場のニーズを鑑みながら、社員全員で会社の方向性を共有するのが目的だ。経営アセスメントで自分たちが出した意見も盛り込まれているため、全員が「自分ごと」として経営計画発表会に参加することになる。経営計画発表会はウィードゥの恒例イベントで、社員にとって「これからまた1年頑張ろう」と思える節目になってきている。


社員一人ひとりを価値ある人として認めて意欲を向上させ、成長させられるか。私は日ごろの感謝と将来への期待の気持ちを込めて、自筆の手紙をしたためることにした。社員本人の誕生日に手紙を郵送する。毎日顔を合わせる人もいるので、オフィスで話せば済むことである、メールで送った方が早く簡単に届く、プリンターで印刷すればきれいな文字で送ることができる。しかし、汚い字ながら、愛用の万年筆で社員の顔を思い浮かべながら書くことにした。一年に一回30分、社員の誕生日に、手紙で気持ちを伝えた。本を読んで学んでほしいと千円の図書カードを同封した。

「ありがとうございます。いつも気にかけてもらって」

「いただいた図書カードで、試験対策の本を買って勉強します」

手紙を受け取った社員からはそんな風に声をかけられる。喜びを実感できる瞬間だ。

社員の誕生日に手紙を書き始めてから、一年になろうかという頃、「しまった」と感じた。「これでは不充分だ！」と気が付いたのだ。「社員だけではだめだ、社員のご家族の皆さんに対しても感謝の気持ちを手紙で送ろう」と考えた。

社員が毎日元気で出社し、ウィードゥで活躍してくれるのは、ご家族の支えがあってこそだ。出社して役割を果たしてくれるだけでありがたい。会社が給与を払うので、出社するのは当たり前という雇用関係ではない。社員には成長してもらいたいし、幸せになってもらいたい。そんな想いから、社員への手紙の2年目からは、社員を支えてくれるご家族の皆さん一人ひとりの誕生日にも手紙を書くことにした。社員さんが結婚していれば配偶者、そしてお子様がいれば1歳から成人にある20歳までを対象にした。社員数も増えてくると、家族も増え、年間200通を超える手紙を書いた。書くたびに社員へ感謝の気持ちが湧いてきた。

時々、手紙を送った子どもたちから私宛にお返事をいただくことがある。「ウィードゥのおじちゃんへ」で始まる、なんともかわいらしい手紙だ。手紙を書くことで、私の方が社員のご家族から元気をもらっているのだ。

毎年7月下旬の経営計画発表会を終え、同日すぐにもう一つイベントがある。それが「ウィードゥアワード」だ。いわゆる社内表彰である。多くの企業の社内表彰の対象は、業績が優秀な人や高い成果を上げたプロジェクトなどだろう。ウィードゥアワードでも、「最優秀スタッフ賞」「最優秀マネージャー賞」「最優秀プロジェクト賞」などの賞部門をつくってある。しかし、もう一つのアワードをつくることにした。

社員一人ひとりは各々能力、個性や特徴があるもの、その自分の持っているものを発揮して、その人が気づいて周囲のために頑張っていることをみんなで認めてあげましょうというものだ。会社や上司から指示されてやるのではなく、自ら主体性をもって取り組んだことをみんなで感謝し、喜び合いましょうというコンセプトだ。ウィードゥの社員一人ひとりの個性を尊重し、互いの良さを認め合いながら成長できる環境を作りたい、という私の想いが詰まったものだ。

社員が互いを理解しあいながら、一人ひとりの個性を認め合い話し合える環境、ウィードゥをそんな会社にしたいという想いを、朝礼でおこなう「3分間スピーチ」で進めた。また、「1on1ミーティング」で上司部下、先輩後輩がお互いをもっと知り合うために毎週15分でいいので、仕事以外のなんてことはない趣味や生活などの雑談タイムをつくっていいよとした。世代が少し違うだけで、物事の考え方や価値観が相当違うこともある。お互いの視点や価値観の一面を知っておくことで、若い人の報告連絡相談がスムーズに進むことは大いにありうるのだ。

毎年、社員の誕生日に社員とその家族に手紙を書くことを続けてきた私は、さらに家族の皆さんとの絆を深める取り組みができないかと考え、「ウィードゥ棚田活動」を提案した。「IT企業が田んぼってどうなの?」と考える方もいると思うが、日ごろパソコンのモニターを眺めたり、ミーティングばかりしたりしているので、自然の中で気分転換して楽しんでもらいたいということだ。実際私も田植えや稲刈りはしたことがなかった。できたお米を社員のご家庭やお客様お取引先様にお送りして、日ごろの御礼感謝に代えさせていただいている。

毎年5月下旬には田植え、9月下旬には稲刈りを社員とその家族でおこなう。もちろん強制ではないが、毎年たくさんの社員や家族に参加していただくイベントだ。みんなが非日常を楽しみながら、食について考える一日でもある。子どもたちも多く参加してくれて、みんな楽しそうに泥んこになりながら、お父さんお母さんと米作りを体験してくれる。

この棚田活動の光景で感動したことがあった。大人が直径30センチメートルほどの稲の束を稲架かけ（天日干し）する場所へ運んでいる時だった。汗を流して運ぶ大人の後に、誰も何も言わないのに、2歳の女の子が自分の持てる分の稲穂を持って、追いかけていく姿だった。

「あー、そうか、自分の親が一所懸命に頑張っている姿を見て、子供も親と一緒に頑張ろうとしている。これが、人間が生まれつき持った性質なのか」

後日、その話を社員に笑いながら話した。

「子供に勉強しろといって、親はお酒を飲んだり、テレビを見ていたりするようだと子供は勉強しないぞ。子供に勉強させようと思ったら、まず自分が学習する姿を子供に見せよ」

田植えや稲刈りのいいところは、役職や年齢に関係なく全員で汗を流せるところだ。普段の仕事の上下関係は抜きにして、

「部長、その苗の本数は多すぎますよ」

「社長の植え方、もうちょっと丁寧にしてください！」

と、若手社員たちからアドバイスのようなヤジが飛んでくるのも楽しい。全員でわいわい楽しみながら、秋には格別に美味しい魚沼産コシヒカリができる。

さて、ウィードゥは設立から30年が過ぎた。残念ながらウィードゥに勤めた後、退職される社員の方もいる。ウィードゥで成長し活躍している姿を知っているからこそ、彼らが去っていくのは寂しいが、本人が幸せになるための決断ならば仕方ないことだ。引き止めたい気持ちは大きいが健康に気をつけて、これからも頑張れよ、と送り出す

ようにしている。

一方で、退職後に再度ウィードゥに入社した人もこれまで何人か出てきた。ちなみに再入社後にも退職し、さらにまた再々入社したいという人もいると聞いた。一度退職しても、また戻りたいと思ってもらえるような会社なのだろうか。また、退職後もパートナーとして一緒に仕事をやりたいと申し出てくれる元社員、転職先で知り合ったお客様をウィードゥに紹介してくれる元社員も多い。会社を辞めてからもウィードゥのことを気にかけていただくのはありがたいことである。

眺望

社会のニーズや流行に敏感になり、その先端でビジネスをしていくことがよいのだが感度と具現化するスピードがないと先端に追いつけない。それよりもっと簡単なことは、流行を自ら創ることだ。当然、流行を創った後で自らをアップデートしていかなくてはならない。どちらにしても時流をつくっていくことがビジネスを継続、進化できる条件となっていくだろう。社員と共に、流行をつくっていくことを何度か試行した。そのうちいくつかがウィードゥの事業となっていった。

来社した企業信用調査会社の担当から伝えられた。

「ウィードゥさんは、新潟県内で親会社の資本がない独立系ＩＴ企業で売上が一番になりましたよ」

「そうですか。お客様や社員のおかげですよ」

嬉しいことであるが、その喜びはすぐに消える。売上なんてウィードゥにとってあまり意味はない、利益も結果であると思っている。もっとも重要なことはウィードゥの価値を創造し、多くの企業に届け、喜んで長くお付き合いいただくこと。それを社員が成長しながら、活き活きとやってくれることだ。

苦楽を共にしてきたウィードゥ創業メンバー5名が集まった。残念ながら創業メンバーの1人、佐藤は途中で離職したが、今でも社外からウィードゥを応援してもらっている。ウィードゥ今昔の話題になった。絶体絶命から立ち上がってよくやってきたと誰もが実感している。

「大手ユーザー企業から商談をいただき、大手ＩＴ企業とコンペの中で受注できるようになりましたもんね。」

「顧客の数も増えましたね、取引もリピートできるようになってきましたね」

「それに、多くの顧客から広告塔になっていただいているというのも大きい。セミナーで講演してもらったり、パンフレットの事例紹介に登場し発表してもらったりしているのは、ありがたいですねえ」

「そういえば、この前の商談があった企業は、ウィードゥのお客様から聞いて知ったと言っていたよ。お客様が口コミで伝えてくれるって感謝しかないな」

「自社のソフトウェア製品の企画販売事業ができたことが大きい。ジェニアスで開発したナレッジを基に、自社ソフトウェア製品、クラウドサービスの開発、販売ができるようになったことで、ますますお客様が増えそうだ。それを活用したコンサルティング事業も展開できるんじゃないか」

「昔はプログラミング中心の下流工程業務が多く、その先のエンジニアとしてキャリアアップが見えなかった。上流工程の対応やプロジェクトマネジメント、そして、ウィードゥで企画したソフトウェアの販売事業もある。エンジニアの将来の道の選択肢が増えたね。キャリアアップしようという意欲の向上につながっているようだ」

話は尽きない。

無我夢中でやってきた。気がつくと10年前と比較して、ウィードゥの社員数が2倍になり、売上金額も3・5倍に増えた。まだ、忙しさを感じているものの、社員の平均残業時間もぐっと減り、有給休暇取得も年間社員平均10日以上とれるようになってきた。50～60歳の役員社員が十数名いるにもかかわらず、ウィードゥの平均年齢は30・6歳になったと聞いた。新卒入社社員の定着率は高いようだ。会社がある程度の金銭的支援をして、20歳代の社員が中心となり、ドライブ同好会、麻雀同好会、ゲーム同好会を運営し、仕事以外の局面でも仲良く活動している。

既に20年近い年月をジェニアスと歩んできたが、開発導入実績は400プロジェクト以上となり、ローコード開発の実績としては日本トップレベルだと他社から評価されているようだ。これからもローコード開発を世に広め、エンジニアの負担軽減とIT業界の働きやすさ向上を推進していきたい。そして、同業大手に負けないスピードと柔軟さで経営環境の変化という荒波を乗り越えていきたい。

2020年初春、予想もしなかった新型コロナウイルスが世界を襲った。ウィードゥの顧客にも影響が出てビジネスを縮小、ストップする企業も出てきた。ありとあらゆる生活や働き方に変革が要求された。当然、ウィードゥにも影響が拡がった。システムエンジニアは東京や新潟でも、オフィスに集まらず在宅テレワークが当たり前のようになった。一人ひとりの管理はできるのか、品質やスケジュールに支障はないのか、議論もあったが待ったなしにやらなくてはいけなくなった。同業他社では在宅による問題も起きたと聞くが、ウィードゥ内では大きな問題はなかったようだ。コミュニケーションが円滑な環境があったことがよかった。数か月して、テレワークにも慣れてきたようだ。経営は与えられた環境や条件の中で、事業を推進しなければならない。コロナ禍の環境を追い風にできないか。

管理職メンバーに「距離が離れていてもプロジェクトマネジメントはできるか」と問うと、「メンバーの資質にもよるが、コミュニケーション能力があり主体的に動ける人であれば、大丈夫だと思います」と明快な答えをもらった。さっそく、求人サイトに掲載をした。

『日本全国各地にそのまま住みながら、ウィードゥの社員になりませんか。ローコード開発の武器を使いながら、上流工程から導入まで一連の開発を行い、ユーザー企業の顔が見れるシステム開発を行いませんか』

すると、驚くことに全国から70名を超える応募者があった。その中で、オンライン面接とウェブ適性検査を駆使して、10名のエンジニアを採用することができたのだ。また、この年は新卒の応募者も60名以上あった。多くの人にウィードゥに興味を持っていただいたことが嬉しかった。

―風が吹いたら、逆風に見えても追い風になるように自分の向きを変える

ハーフタイム

新卒採用の合同企業説明会に参加したウィードゥのブースに大学生が多く訪れた。その中で、私の顔を見つめてじっと話を聴いている青年がいる。よほど、ウィードゥに興味があるのかな、説明を終えて声をかけると

「お父さんがお世話になっています」。

「えっ、お父さんはウィードゥの社員なの？」

「はい」

聞くと、管理職のご子息だった。そうか、だいぶ前に、子供が生まれて会社からお祝いを送った記憶がある。その時、生まれた赤ちゃんが成長して目の前にいるのか。

月日はだいぶ流れたな…。

また翌日のこと、新潟市内のセミナーで講演を終えた私に、若い方が名刺交換を求めてきた。ＩＴ業で起業を目指しているとのこと、「頑張ってください」と激励すると5年前に在籍していた大学で私の講義を受けたということだった。

「あの時に平山さんのお話しを聞いて、起業しようと考えました。今日、お会いできて嬉しいです」

若い人が活躍していくことが嬉しく感じる。

すると、今度は私と同じ世代の来訪もあった。前期高齢者となって、ある企業の顧問も終えて離職したとのことだ。

「まだまだ働けるし、頑張ろうと思うので、今後も刺激し合いましょう」

「いいねぇ、望むところだ」

ウィードゥ設立30年の節目に、私は社長を退任した。次の社長は弟の慶三朗である。

ウィードゥ創業から苦楽を共にしてきた。他の幹部や管理職とも年齢も近く、意思疎通もできるだろうし、技術変化が激しいIT業界にあっても、将来の動向をキャッチできるはずだ。私はウィードゥの会長という立場で、ウィードゥの事業支援や社外団体の活動を通して、IT人材の育成及び新潟県内の地域活性化にいくらかでも貢献したいと考えている。

昨年、三女の葉子が結婚した。長女恵美子、次女安希子もすでに結婚して、家庭を築いている。先月には、4人目の孫が生まれた。

「おじいちゃん、だいすきー」

月に一回ほど、三条市に嫁いだ安希子の子供、私にとって孫が来宅し、私と遊んでくれる。私と妻幸子のエネルギーの源だ。

家族のために頑張り、社員の成長や幸せを応援してきたつもりであったが、どうやら、社員や家族から私が支えられ、応援してもらっていた。周囲の人の幸せ創りをやってきたつもりであったが、自分が幸せになっていた。

さて…これから、人生の後半戦だ。

どんなことが待ち受けているのだろうか。どんな人と出会うのだろうか。その時、発揮する熱量を維持できるように、エネルギーを充電しておこう。若い人から先進的な知識や情報を教えてもらいながら、私が持っている価値を提供できるようにアップデートしていこう。

さあ行こう！　健太朗！

本作品は実話に基づくフィクションです。
登場人物、団体名等は全て架空のものです。

著者

新賀 太蔵（しんが・たいぞう）

新潟県出身。システム・エンジニアとして活躍した後、20代で会社設立。
システム開発、パッケージソフトウェア開発を手掛け、現在も活動中。
併せて執筆活動も続けており、本書は初の長編作品となる。

逆風の向こうに　～ある起業家が紡いだ奇跡の物語～

2023年4月15日［初版第1刷発行］

著　　者　新賀 太蔵
発 行 所　株式会社カナリアコミュニケーションズ
〒141-0031 東京都品川区西五反田1丁目-17-1
第2東栄ビル 703号室
TEL 03-5436-9701　FAX 03-4332-2342
http://www.canaria-book.com
印　　刷　株式会社クリード
装丁デザイン　株式会社Reiri　https://reiri.co.jp/

ISBN978-4-7782-0512-6　C0034

カナリアコミュニケーションズの書籍のご案内

2021年11月26日発刊
1200円(税抜)
ISDN978-4-7782-0481-5

しあわせのかくれんぼ 2
ゼルノシア王国の謎
~エピソード1 ゼファーの襲来~

岩根 央/ねもと まこ　著

「しあわせのかくれんぼ」第2弾!

文部科学省小学校外国語教材WeCan!掲載のねもとまこと、アーティストプロデューサーの岩根央が贈る心あたたまる冒険物語。

『ゼルノシア王国の謎』では、たたと離ればなれになったぽぽが、たたを探すために辛い状況に悲しみ、くじけそうになりながらも前を向いて突き進んでいきます。

2019年2月15日発刊
1200円(税抜)
ISDN978-4-7782-0446-4

しあわせのかくれんぼ

岩根 央/ねもと まこ　著

文部科学省小学校外国語教材WeCan!掲載のねもとまこが描く心あたたまる世界。

思わず誰かにプレゼントしたくなる心の底からホッとする、お守りのような1冊。

知的な世界観で惹きつける魔法の力を、ぜひ、お子さまも大人の方も感じてみてください。きっと不思議な力に癒されるはずです。

カナリアコミュニケーションズの書籍のご案内

人生 100歳 シニアよ、新デジタル時代を共に生きよう！

牧 壮　著

「2021年デジタル社会推進賞　デジタル大臣賞銀賞」を受賞した著者が記す、「シニアとデジタルをつなぐ本」。
この本はITの専門書ではありません。ITが苦手でデジタルになかなかなじめない方、特に苦手ではないけれど何かあったらどうしようかと心配な方に対して、シニアが、シニア目線で、シニアのために、との思いで書いた1冊です。

2021年10月19日発刊
1500円（税抜）
ISDN978-4-7782-0479-2

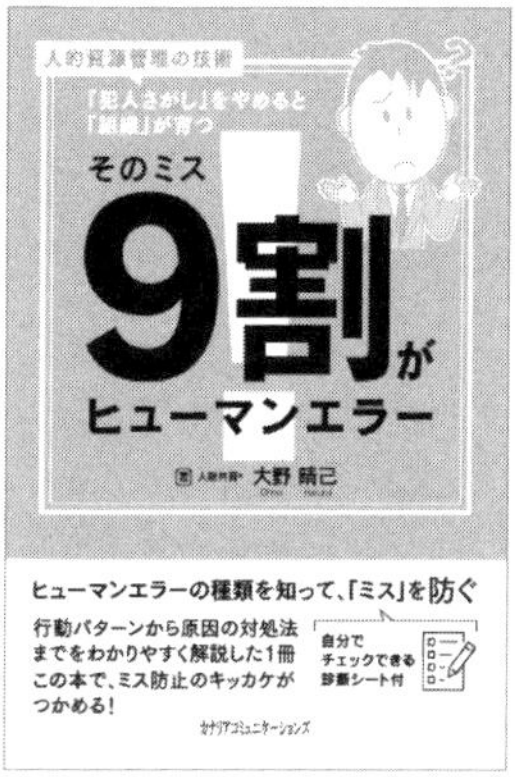

そのミス9割がヒューマンエラー

大野 晴己　著

「犯人さがし」をやめると「組織」が育つ！
ヒューマンエラーの種類を知って、「ミス」を防ぐ。
行動パターンから原因の対処法までをわかりやすく解説した1冊。
この本で、ミス防止のキッカケがつかめる！

2021年9月30日発刊
1500円（税抜）
ISDN978-4-7782-0480-8

カナリアコミュニケーションズの書籍のご案内

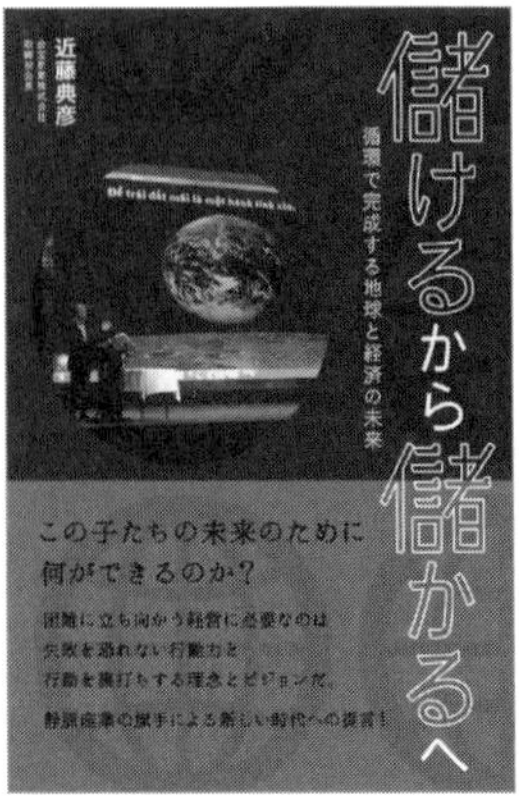

儲けるから儲かるへ

近藤 典彦　著

この子たちの未来のために何ができるのか？
困難に立ち向かう経営に必要なのは
失敗を恐れない行動力と
行動を裏打ちする理念とビジョンだ。
静脈産業の旗手による新しい時代への提言！

2021年9月17日発刊
1600円（税抜）
ISDN978-4-7782-0478-5

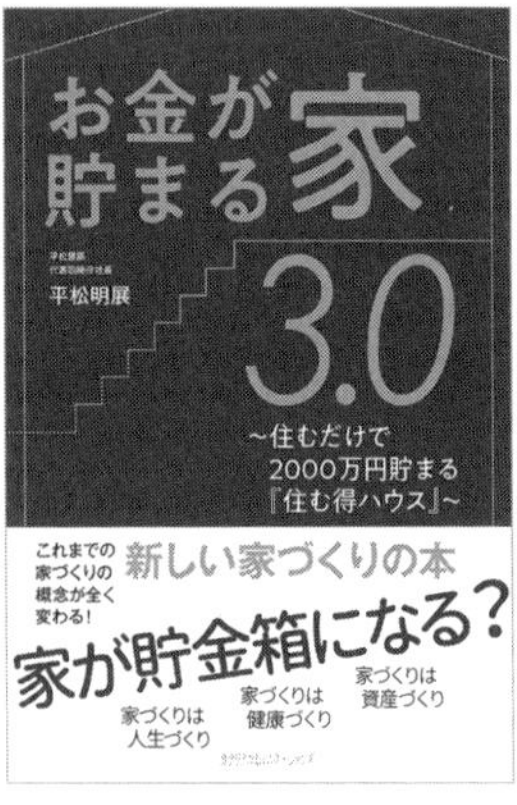

お金が貯まる家 3.0

平松 明展　著

これまでの家づくりの概念がまったく変わる新しい家づくりの本。
著者は、「ただ漠然と家を建てるのではなく、住むことで健康になる、さらには資産形成もできる」家づくりを提案しています。
使い捨ての家づくりではなく、住む人が幸せになる新しい家づくりを提案する、これから家を建てたいと考えている人に必携の1冊です。

2021年5月20日発刊
1500円（税抜）
ISDN978-4-7782-0475-4